KB033098

브랜드가 곧
세계관이다

브랜드가 곧
세계관이다

강력한 팬덤과 무너지지 않는 커뮤니티를 만드는 힘

민은정 지음

미래의창

브랜드 세계관,
그 매력적인 여정

이립而立, 30세. 마음이 확고하게 도덕 위에 서서 움직이지 않는 나이.

브랜딩을 해오며 살아온 지 어느덧 30년이 되었다. 일찍 시작한 덕에 헤아릴 수 없이 많은 브랜딩 프로젝트를 진행해왔다. 다뤄보지 않은 분야가 없을 정도로 다양한 분야의 프로젝트를 섭렵했다. 글로벌 브랜딩 기업에서 일하며 수시로 선진시장의 브랜딩 인사이트를 업데이트 받고 있다. 내 손을 거친 브랜드들이 시장의 주목을 받는 경험을 숱하게 했다. 지금도 직접 아이디어를 발상하고, 적합한 방법론을 개발하며, 보고서를 쓰고 있다.

그렇다면 나는 이립의 경지에 이르렀을까? 그럴 리가 없다. 브랜드가 살아가야 하는 세상이 시시각각 변하고 있기 때문이다. 무수한 브랜드들이 주인공 자리를 바꾸어가며 이 세상을 만들었고, 어디선가 나타난 브랜드들이 그 세상을 파괴하고 새로운 세상을 만들고 있다. 세상이 변하는데, 브랜딩 전술이 그대로일 리 없다. 그래서 나는 여전히 브랜딩의 답을 찾고 있는 중이다. 브랜딩에 있어 이립은 이룰 수 없는 경지다.

당신의 브랜드는
어떤 세상을 만들어가는가?

그렇지만, 경험의 적층에서 깨달은 사실이 있다. 불행한 가정은 제각각의 이유로 불행하지만 행복한 집은 모두 비슷하다는 톨스토이의 말처럼, 브랜드 실패의 이유는 제각각일지라도 성공한 브랜드들에게는 공통점이 있다. 그 공통점은 시간의 벽과 업종의 다름을 뛰어넘는다. 마치, 서로 다른 방향을 향하는 직선들을 무한히 확장하면 결국 같은 점에서 만나는 것처럼.

성공한 브랜드들은 세상을 바라보는 자신만의 관점이 있었고, 더 나은 세상을 향한 변화의 꿈이 있었으며, 사람들을 모아 함께 이루어 나가는 힘이 있었다. 그리고 이 모든 것은 하나의 질문으로 귀결된다. "당신의 브랜드는 어떤 세상을 만들어가고 있습니까?" 이 질문의 답이 바로 브랜드 세계관이다. 내가 존재함으로 인해 달라진, 전에 없던 세상 말이다. 이것이 브랜드 성공의 본질이자 바탕이다.

그래서 브랜드와 세계관은 분리될 수 없다. 브랜드는 각자의 세상을 만들어낸다. 그러므로 나만의 브랜드 세계관을 세우고 이를 실현하는 과정은 브랜딩 그 자체이며, 모든 브랜드가 영원히 추구해야 할 가치다. 브랜드가 곧 세계관이다.

브랜드를 위한,
브랜드만의 세계관이 필요하다

그런데, 왜 지금 브랜드 세계관의 재정의가 필요할까? '세계관'이라는 단어가 흔하게 사용되면서 브랜드 세계관이 제대로 정의되지 못하고 있기 때문이다. 게임이나 엔터테인먼트처럼 다른 분야에서 통용되는 세계관 개념을 그대로 브랜딩에 가져온 결과, 브랜드 세계관의 의미가 혼란스럽게 사용되고 있다. 허나, 브랜드는 게임이나 엔터테인먼트와 다르다. 브랜드는 보이면서 보이지 않고, 실재하면서 실재하지 않는다. 무생물인 동시에 성장하는 생물이다. 그 무엇과도 같지 않은 브랜드 세계관, 이에 대한 올바른 개념 정리와 구체적 실행의 매뉴얼이 간절하다. 이것이 '브랜드 세계관'을 중심으로 이 책을 집필한 이유다.

이 책은 브랜드가 어떻게 자신만의 고유한 세계관을 구축하고, 이를 바탕으로 사람들과 연결되며, 궁극적으로 더 깊은 관계를 맺고 세상을 변화시킬 수 있는지 탐구한다. 브랜드 세계관은 기업에서 브랜딩을 담당하는 사람뿐 아니라, 스스로 좋은 브랜드가 되고 싶은 모두에게 필요한 것이기 때문에 쉽고 직관적으로 쓰고자 했다. 모두가 이 책에서 받은 영감으로 자신만의 독특한 세계관을 구축하기를 기대한다. 그래서 우리가 사는 세상이 더 의미 있게 변화하기를 바란다.

마지막으로, 내 부족함을 풍성하게 채워주시는 모든 인터브랜드 컨설턴트들에게 깊은 존경과 감사의 마음을 전합니다. 특히, 문지훈 대표님과 Human Connection 여러분, 사랑하는 가족, 감사합니다.

Contents

Part 1
브랜드 세계관, 꿈을 창조하다

Part 2
브랜드, 세계관의 주인공이 되다

Part 3
브랜드, 세계관을 함께 이루어가다

Part 1

브랜드
세계관,

꿈을
창조하다

이상적인 세상 만들어가기
세계관의 발전과 확장

내 역할 정의하기
카테고리에서의 탈피

이상적 세상 그리기
브랜드가 만들어갈 세상

지금의 세상 다시 보기
나만의 관점
호기심
낯설게 보기
부정하기

브랜드 세계관이란 세상을 바라보는 브랜드만의 관점, 이상적 세상을 그리는
브랜드의 포부, 변화를 향한 브랜드의 역할 및 행동을 포괄한다.
변화를 꿈꾸는 브랜드는 세계관을 가져야 한다.

브랜드가 꾸는 꿈,
세계관

브랜드의 특별함은 세계관을 바탕으로 한다.
세계관은 관점, 철학, 조직, 실천, 변화를 포괄한 개념이다.
제품을 이야기하는 브랜드는 퍼포머,
세계관을 이야기하는 브랜드는 크리에이터다.

부탄은 '작지만 행복한 나라'라 불린다. 과거 국가행복지수 조사 결과 1위를 차지하며 세계인의 이목을 집중시켰던 것이 그 시작이다. 안타깝게도 지금의 부탄은 국가행복지수 상위권과는 거리가 멀다. 그럼에도 아직까지 '부탄은 행복'이라는 공식이 많은 사람들의 머릿속에 남아 있다는 것은 1위를 한 임팩트가 꽤 컸다는 방증이다. 그런데 부탄이 국가행복지수 1위에 올랐던 것은 단순한 해프닝이었을까?

　리조트 리브랜딩 프로젝트로 밤낮을 고민하던 몇 년 전이었다. 프로젝트의 돌파구가 필요했던 나는 유명 리조트들의 홈페이지를 들락거리며 영감의 재료를 찾고 있었다. 비슷비슷한 메시지로 지칠 때쯤, 뇌리에 강렬하게 박히는 메시지가 있었다.

　행복한 자연에 행복한 삶이 깃든다. 왜냐면, 인간의 삶도 자연의 일부이기에.

부탄을 소개하는 블로그에서 발견한 문장이다. 환경과 삶을 바라보는 남다른 관점, 자연이 중심이 되어야 사람도 행복할 수 있다는 주장, 단 한 줄 안에 담겨진 또렷한 메시지였다. 상쾌한 공기가 고정관념으로 혼탁해진 내 머릿속을 환기해주는 듯했다.

　부탄을 설명하는 여러 자료들을 읽어보면서 놀라움은 더 커졌다. 이러한 관점을 실제 실천으로 옮기려는 그들의 노력 때문이었다. 부탄에서는 물고기를 속이는 낚시와 동물이 고통받는 도축은 금지다. 그래서 필요한 육류는 모두 수입한다. 헌법에 따라 전 국토의 60% 이상을 숲으로 유지한다. 부탄의 땅에 깃든 생명은 물고기부터 풀 한 포기까지 모두 행복해야 하기 때문이다.

행복에 대한 부탄의 진정성을 제대로 알기 위해서는 무려 300년 전으로 거슬러 올라가야 한다. 1729년 발표된 부탄왕국 법전에는 "백성을 행복하게 하지 못하는 국가는 존재 이유가 없다"고 쓰여 있다. 이 가치관은 훼손되지 않고 이어졌다. 모든 국가들이 경제 발전에 몰두하던 1972년, 부탄의 4대 국왕은 '국민총행복'이라는 개념을 발표하고 '국민총행복위원회'를 신설한다.

"국민총생산을 지향하면 인간을 기계처럼 다루는 정책이 나옵니다. 문화는 상품이, 환경은 산업이 됩니다. 삶은 고통스러워집니다. 우리는 사람들이 의미 있는 인생을 즐길 수 있기를 바랍니다." 어느 부탄 공무원이 한 말이다.

국가행복지수 1위는 어쩌다 얻게 된 타이틀이 아니었다. 행복에 대한 남다른 세계관을 만들고, 그것을 진정성 있게 실천한 결과였다.

브랜딩은
본질을 증명하는 것이다

"브랜딩이라는 단어 자체가 너무 브랜딩이 잘됐어요." 후배 직원의 말을 듣고 한참 웃었다. 이 '브랜딩 잘된 브랜딩'에는 참 많은 오해가 담겨 있다. 많은 기업들이 본질과 브랜딩을 별개로 생각해, 본질의 일부를 교묘하게 부풀리고 왜곡하면서 소통한다. 본질과 브랜딩 간에는 어쩔 수 없는 갭이 존재한다고 믿기 때문이다.

과거의 나 역시 그런 오해에서 완전히 자유롭지는 않았다. 본질에 대한 탐구보다 시장과 소비자의 동향, 경쟁자의 움직임에 민감했다. 제품의 어떤 면을 부각해 브랜딩을 해야 할지 고민했다. 그러나 시간의 흐름 속에서 살아남은 브랜드들을 보며 깨달은 진리가 있다. 브랜드와 본질은 서로 다른 것이 아니며, 브랜딩은 사람들의 눈길을 끌기 위해 만들어진 미사여구가 아니다.

브랜드는 그 자체로 살아 움직이며 성장하는 본질이다. 그리고 브랜딩은 그 본질에 대한 증명이다. 본질을 이기는 마케팅은 없고, 본질과 괴리된 브랜딩은 없다. 중요한 것은 '무엇을 이야기할 것인가?'가 아니라, '어떤 존재가 될 것인가?'에 대한 의지이며 실천이다.

이 모든 시작점은 어디일까? 남과는 다른 나만의 관점이다. 관점에서 철학으로, 철학에서 조직으로, 조직에서 실천으로, 실천에서 확장과 발전으로…… 마침내 이 모든 것이 일관성 있는 모습으로 지속되어야 한다. 실천되지 않는 관점은 의미가 없고, 발전되지 않는 관점은 희미해진다. 그것이 바로 이 책에서 이야기하고자 하는 '브랜드 세계관'이다.

독일 철학에서 출발한 용어인 '세계관'의 사전적 의미는 '세상을 보는 자신만의 관점'이다. 관점이 생각을 낳고, 생각이 행동을 낳으며, 행동은 결과를 결정한다. 결국 어떤 관점을 갖고 있는지에 따라 결과가 달라진다.

모두가 빠른 변화의 속도에 혼란스러운 지금, 그 어떤 변화에도 나 자신을 지키고 나답게 발전하는 유일한 방법은 나만의 탄탄한 세계관을 만드는 것이다. 초일류 브랜드의 대단한 혁신과 빛나는 성공도 그 출발점은 남다른 관점을 바탕으로 한 세계관이었다.

퍼포머 vs 크리에이터

평범한 작곡 능력을 가진 뛰어난 보컬리스트 vs 뛰어난 작곡 능력을 지닌 평범한 보컬리스트. 예외는 있겠지만, 사람들은 일반적으로 후자를 더 높게 평가한다. 노래를 잘하는 것만으로는 팬이 생기기 어렵다. 전자는 그저 가수라고 불리지만, 후자는 뮤지션 또는 아티스트라고 불린다.

보컬리스트는 다른 사람이 만들어준 노래를 부른다. 아무리 노래를 잘해도 퍼포머performer다. 그러나 싱어송라이터는 노래가 곧 자기의 세계관이다. 그 노래를 좋아한다는 것은 가수의 세계관에 동의한다는 뜻이다. 그들은 자신만의 가치관과 관점으로 하나의 세계를 창조하는 크리에이터creator다.

퍼포머와 크리에이터를 가르는 기준은 세계관의 유무다. 크리에이터의 중심에는 세상에 전하고 싶은 자신만의 세계관이 있다.

브랜드 역시 그렇다. 훌륭한 품질을 이야기하는 브랜드는 퍼포머, 세계관을 이야기하는 브랜드는 크리에이터다. 퍼포머의 존재 이유는 결과물이다. 결과물에는 좋음과 나쁨만이 있을 뿐이다. 결과물이 좋지 않다면 고객은 손쉽게 다른 브랜드로 옮겨 간다. 반면, 크리에이터의 존재 이유는 세계관이다. 그 세계관을 증명하는 것이 결과물이다.

사람들의 마음을 흔드는 것은 퍼포머의 결과가 아닌, 크리에이터의 주장이다. 우리는 언제나 주장에 매혹되고 실천에 감동한다. 결과물이 만들어지게 된 배경과 만들어지는 과정을 본다. 사람의 영혼을 움직이는 힘, 마침내 팬이 되게 하는 힘은 공감과 감동을 이끌어낼 수 있는 세계관에 있다. 결과물을 좋아하는 사람이 팬이 되는 것이 아니라, 세계관에 동의하는 사람이 팬이 된다. 이것이 퍼포머가 아닌 크리에이터에게 팬덤이 생기는 이유다. 사람들은 크리에이터를 향해 모인다.

동대문 쇼핑몰에 있는 작은 안경점을 방문한 적이 있다. 멀리서도 눈에 띄는 예쁜 인테리어에 다양한 제품들이 가득한 곳이었다. 안경점 주인은 본인을 그 브랜드의 오너라고 소개했다. 안경을 고르면서 소소한 대화를 주고받았다. 그런데 주인이 느닷없이 젠틀몬스터를 화제에 올리더니 그보다 우리 안경이 더 가볍고 편하다며 자랑을 하기 시작했다. 안경에 그 외에 무엇이 더 필요하냐고 덧붙이면서 말이다. 썩 틀린 말은 아니다. 그런데 수천 개의 안경 브랜드들이 다 가볍고 편한 안경을 내놓는다. 가볍고 편한 안경이 전부라고 믿는다면, 언제까지나 수천 개의 브랜드들과 경쟁해야 한다.

　주인이 비교한 젠틀몬스터도 당연히 가볍고 편하다. 그러나 젠틀몬스터에는 한 가지가 더 있다. 안경을 '일상 속 예술의 오브제'로 보는 관점이다. 이 세계관 속에서는 안경이라는 제품 자체가 아닌 안경을 쓴 사람의 모습이 기준이 된다. 그렇기에 쇼핑몰에서 만난 이 브랜드 오너는 자신의 손으로 직접 안경을 만들고 있지만, 크리에이터는 아니다. 크리에이터가 되기 위해서는 안경을 보는 자신만의 관점이 있어야 하고, 그것을 실현하려는 행동이 뒤따라야 한다. 남들과 똑같은 관점, 똑같은 실행으로는 영원한 퍼포머로 남을 수밖에 없다.

나는 사람들과 브랜드에 대해 이야기하는 것을 참 좋아한다. 그래서 가장 좋아하는 브랜드가 무엇인지 묻곤 한다. 최근에 들었던 인상적인 답변들이다.

"기업을 경영하면서 가장 귀감이 되는 브랜드는 풀무원입니다. 다른 식품 브랜드들이 맛과 영양을 이야기할 때 풀무원은 바른 먹거리라는 강력한 메시지를 이야기합니다. 이 메시지는 시장 조사나 경쟁사 분석으로 나온 것이 아닙니다. 이웃 사랑과 생명 존중의 신념으로 출발해 이를 제품으로 구현했으며, 그것이 사회활동으로 이어지고 있습니다."

― 테크기업 CEO

"오레오는 'Stay Playful'이라는 사명을 바탕으로 항상 재미있는 캠페인을 실행합니다. 그다음은 어떤 캠페인을 할까 기대가 됩니다. 그 기저에는 인류에 대한 관심이 있다고 생각합니다."

– 디자이너 Jihong

"오감을 자극하는 다채로움과 에너지 넘치는 크루들 덕분에 러쉬 매장을 들어서는 순간부터 마음이 설레기 시작합니다. 또한 러쉬는 친환경, 비건, 퀴어 등 다양한 사회적 가치들을 소비자들에게 매력적으로 전달하고 있습니다."

– 대학생 Yujin

무언가를 특별하게 만드는 것, 다음을 기대하고 설레게 만드는 것은 세계관이다. 세계관이 없다면 이 브랜드들은 그저 일상용품을 판매하는 브랜드일 뿐이다. 풀무원은 식품일 뿐이고, 오레오는 쿠키일 뿐이며, 러쉬는 스킨케어 용품일 뿐이다. 이들이 단순한 식품, 단순한 쿠키, 단순한 스킨케어 용품이 아닌 이유는 그 중심에 그들만의 세계관이 있기 때문이다.

품질은 복제할 수 있어도 세계관은 복제할 수 없다. 가품이 절대로 진품을 넘을 수 없는 이유다.

사람의 영혼을 움직이는 힘,

마침내 팬이 되게 하는 힘은

공감과 감동을 이끌어낼 수 있는

세계관에 있다. 결과물을 좋아하는 사람이

팬이 되는 것이 아니라,

세계관에 동의하는 사람이 팬이 된다.

이것이 퍼포머performer가 아닌

크리에이터creator에게

팬덤이 생기는 이유다.

스토리, 설정,
그리고 세계관

세계관은 진심이어야 하고, 지속되어야 한다.
세계관은 내부로부터 시작되어 계속 발전되어야 한다.
브랜드 스토리와 브랜드 설정은 세계관의 일부일 뿐이다.

얼굴은 나이에 맞게 주름이 졌지만, 손은 아기처럼 부드럽고 매끈한 양조장 주조사. 그 손의 비밀은 과연 무엇일까? 여기에서 우리는 안티에이징 물질 피테라를 발견했다.

한때 코스메틱 업계에 돌풍을 일으켰던 SK-II 피테라에센스의 일화다.

바나나맛 우유를 머리에 꽂은 빙그레우스 더마시스, 빙그레 나라 왕위 계승을 위한 도전을 시작하다. 그 첫 임무는 인스타그램 채널 운영.

빙그레의 이미지를 힙하게 바꾸어놓은 빙그레 메이커다.

두 사례 모두 마케팅 역사에 기록될 만한 성공을 거두었다. 브랜드 스토리 개발을 의뢰한 기업들은 약속한 듯 SK-II 피테라에센스를 본받고 싶은 사례로 언급했다. 빙그레 메이커도 마찬가지다. 열에 아홉은 실패하는 브랜드 이미지 재활성화 전략, 이 어려운 것을 완벽히 해낸 빙그레의 사례 이후 한동안 많은 기업들이 캐릭터 개발에 몰두했다.

두말할 나위 없이 훌륭하다. 나도 두 사례에서 많이 배웠다. 그런데 이것을 브랜드 세계관이라고 부를 수 있을까? 그렇지는 않다. 이를 이해하려면 브랜드 스토리, 설정, 세계관의 차이를 알아야 한다. 먼저 브랜드 세계관의 조건을 알아보자.

세계관의 조건

1. 진정성이 있는가?

빙그레 메이커는 진짜 이야기가 아니다. 진짜가 아님을 누구나 알고 있다. 그렇기에 더 신선하고 재미있다. 하지만 만들어낸 이야기는 진실의 묵직한 힘을 갖고 있지 않다. 빙그레 메이커의 목적도 진정성을 전하는 것보다는 젊고 친근한 이미지로 밀레니엄세대와 Z세대에게 사랑받는 것이었다. 물론 이 목적은 크게 성공했다. 그러나 역시, 진짜 이야기는 아니다.

2. 지속될 수 있는가?

빙그레 메이커 이야기는 시즌을 거쳐 계속되고 있다. 그렇지만 언제까지 지속될 수 있을까? 빙그레의 역사가 50년이 넘었는데, 50년 후에도 이 시리즈가 지속될 수 있을까? 아마도 그럴 수는 없을 것이다. 아무리 훌륭한 전략도 몇십 년을 가지는 못한다. 그러나 훌륭한 세계관은 시간의 벽을 뛰어넘어야 한다.

3. 유연하게 발전할 수 있는가?

SK-II 피테라에센스의 메시지는 진짜 이야기로서의 힘이 있다. 이 이야기를 진실이라고 믿는 소비자들이 주조사의 손처럼 젊은 피부를 가지고 싶어서 제품을 구매한다. 그러나 이야기는 여기에서 끝이다. 더 이상 다른 이야기로, 혹은 다른 제품이나 기업 문화로 발전하지 못한다. 세계관은 유연하게 발전해 더 큰 이야기로 성장해야 한다.

4. 내부로부터 시작되었는가?

세계관은 우연한 에피소드나 공들여 창작한 이야기가 아니다. 스스로의 믿음에 대한 이야기다. 우리 몸의 DNA를 생각해보자. 눈에 보이지는 않지만, DNA에 따라 한 사람의 성격과 모습이 달라진다. 어떻게 성장하는지도 실은 DNA의 결과물이다. 세계관은 DNA와 같다. 사람들에게 보이는 것은 제품, 서비스, 태도, 실천이지만, 그 결과물을 이끌어내는 것은 세계관이다. 우리는 일관성 있는 브랜드의 움직임으로 그들의 세계관을 유추할 수 있을 뿐이다.

존재의 이유

"사람들은 왜 여행을 갈까요? 여행의 목적이 무엇일까요?" 최고급 리조트를 기획하던 한 대표님이 던진 질문이다. 그의 답변은 이렇다. "좋은 경치를 보는 것, 맛있는 음식을 먹는 것……
이런 것이 여행의 목적이 아닙니다. 여행은 낯설고 설레는 이야
기를 만나는 여정입니다. 그래서 우리는 낯설고 설레는 이야기
를 설계할 것입니다. 이것이 리조트의 역할이자 존재의 이유입
니다."

숙박, 식음, 약간의 액티비티가 주를 이뤘던 우리나라 리
조트 업계를 바꾸어놓은 아난티의 일화다. 외면받던 지역을 선
택하는 선구안, 궁금함을 자아내는 이름, 압도적 낯섦을 선사하
는 건축물, 리조트 중앙에 서점을 배치하는 공간 설계, 지역의
일화를 담은 식음 구성…… 어떻게 이 모든 것이 가능했을까?

아난티의 성공 요인을 분석하는 글을 보면 이런 요소를 성
공 요인으로 거론하는 이들이 많다. 그러나 정말 특별한 것은
그 모든 것을 관통하는 아난티만의 관점이다. 여행을 재정의하
는 아난티의 관점은 브랜드 철학이 되었고, 브랜드 철학은 성실
하고 빈틈없이 실행되었다. 아난티가 들어서는 지역마다, 그 지
역의 특징에 따라 낯설고 설레는 이야기는 더욱 발전되고 있다.

이것이 세계관이다. 하나의 독립적인 요소로 그치는 것이
아니다. 관점과 확신에서 시작하여, 성장하고 발전하며, 시간의
흐름에도 지속되는 것. 마치 끝나지 않는 소설과 같다. 페이지
를 넘길 때마다 더 큰 이야기가 펼쳐지는 것처럼, 브랜드 활동

이 전개될수록 세계관 역시 더 넓고 깊게 전개되어야 한다.

브랜드 스토리
그리고 설정

SK-II와 빙그레의 이야기로 다시 돌아가 보자. 세계관이 아니라면 이들은 무엇일까? SK-II 피테라에센스의 이야기는 브랜드 스토리다. 브랜드 스토리는 브랜드가 고객에게 전하는 이야기다. 본질적으로 청자를 대상으로 하며, 이야기의 힘으로 브랜드에 공감과 애정을 느끼게 하는 것이 목적이다. 인지심리학자 제롬 브루너Jerome Bruner는 이야기로 정보를 전달하면 그렇지 않은 때에 비해 정보를 기억할 확률이 22배나 높아진다고 주장한다.

그뿐만이 아니다. 사람은 본능적으로 재미있는 이야기를 좋아한다. 이야기는 무장했던 마음을 부드럽게 풀어놓는 힘이 있다. 그래서 브랜드 스토리가 매우 중요하다. 브랜드를 단지 제품이나 서비스, 그 이상의 존재로 느끼도록 만들기 때문이다.

브랜드 스토리는 세계관의 일부 혹은 아직 완성되지 않은 세계관이다. 세계관은 단순한 이야기 모음이 아니다. 세상을 바라보는 방식이자 관념이다. 창업 일화든, 원료든, 고객과의 관계에 얽힌 이야기든 다양한 이야기를 발굴해서 브랜드를 풍성하게 만드는 것은 꼭 필요하다. 그러나 이 다양한 이야기들을 연결하고 관통하는 철학이 있어야 스토리에 그치지 않고 세계관으로 발전될 수 있다.

그렇다면 빙그레 메이커는 어떨까? 일종의 설정이라고 할 수 있겠다. 영화, 소설, 게임의 세계관들은 사실 아주 잘 만들어진 설정이다. 엔터테인먼트 세계관과 브랜드 세계관은 같지 않다. 엔터테인먼트 세계관의 목적은 몰입이 바탕이 된 즐거움이고, 브랜드 세계관은 진정성이 바탕이 된 관계 맺기다. 세계관이라는 단어가 엔터테인먼트 산업 덕분에 유명해지긴 했지만, 브랜딩을 하는 사람이라면 이 차이를 알고 있어야 한다.

말하고 싶은
메시지를 노래한다

3세대 이후 케이팝 아이돌 그룹은 대부분 나름의 세계관을 갖고 있다. 최초로 세계관을 들고 나온 아이돌 그룹은 '엑소'였다. '태양계 외행성 엑소플래닛에서 온 12인의 외계인'이라는 콘셉트였다. 엑소의 세계관은 매우 정교해서 웬만한 판타지 소설에 비견되었다. 또한 앨범의 구성과 발매 일자까지 세계관의 틀을 따를 정도로 이 세계관에 진심이었다. 문제는, 엑소의 연차가 쌓일수록 세계관이 지속되기 어려웠다. 세계관은 희미해졌고, 심지어 밈Meme화 되었다.

이와는 다르게, 엑소보다 1년 늦게 데뷔한 BTS는 처음에는 세계관이 조금 불분명한 듯했다. 그러나 그들은 늘 자신들이 말하고 싶은 메시지를 노래했고, 시간이 지나면서 이 메시지가 선명하게 엮였다. 'Love Yourself.' 많은 사람들이 BTS의 세계관으로 일컫는 메시지다.

데뷔곡 'MAMA'에서 그룹의 탄생 설화를 노래한 엑소와, 데뷔곡 'No More Dream'에서 "단 하루를 살아도 너의 길을 가라"는 메시지를 노래한 BTS의 세계관은 그 결이 다르다. BTS의 'Love Yourself'는 슈퍼스타가 된 지금도 계속되고 있는 것은 물론, 더 확장되고 있다. Love Yourself라는 주제로 UN 연설을 하고, 세계 곳곳에서 예술가들과 콜라보를 진행한다.

브랜드 세계관은 BTS를 닮아야 한다. 진심이어야 하고, 지속 발전해야 하며, 내부 중심으로부터 시작해야 한다. 세계관은 그럴듯한 설정이나 단순한 이야기 모음이 아니다. 그 브랜드만의 대담한 질문에서 출발해, 변화하고 성장하며 마침내 답을 찾는 과정임을 잊지 말자.

세계관이 있는 브랜드가
살아남는다

→ 변화하는 가치를 가진 모든 것이 브랜드다.
→ 브랜드 가치를 높이는 가장 확실한 방법은
    세상에 변화를 일으키는 것이다.
→ 변화는 이 세상을 남다르게 보는 것,
    즉 남다른 세계관을 전제로 한다.

시작점으로 돌아가 보자. 브랜드란 무엇인가?

종종 대학생들을 대상으로 브랜딩 강의를 하는데, 그때마다 강의 전에 꼭 한 가지 과제를 내준다. '브랜드란 무엇일까요? 당신만의 정의를 내려주세요.' 제출한 답변을 보면 비슷비슷한 답은 있어도 똑같은 답은 하나도 없다. 당연하다. 표식으로, 약속으로, 정체성으로, 관계로…… 브랜드의 정의는 시대에 따라 계속 변하고 있다.

나 역시 브랜드에 대해 여러 정의를 내려왔다. 그러나 지금의 나는 브랜드를 아주 단순하게 정의한다.

'변화하는 가치를 가진 모든 것이 브랜드다.'

동네도, 축제도, 그리고 한 사람 한 사람도 모두 브랜드다. 우리 모두 변화하는 가치를 지닌 객체이므로.

브랜드의
가치

변화하는 가치를 가진 모든 것이 브랜드라면, 브랜드의 숙명은 가치를 높이는 것이다. 가치를 높이기 위한 고단한 여정을 계속해야 한다. 살아있는 한 이 여정을 결코 멈출 수 없다. 그런데 브랜드의 가치는 어떻게 높일 수 있는가? 아니 그보다 먼저, 브랜드의 가치는 측정될 수 있는가?

글로벌 브랜딩 기업 인터브랜드는 브랜드의 가치가 측정될 수 있다고 말한다. 인터브랜드는 ISO 인증으로 공신력을 인정받은 고유의 방법론에 따라 브랜드 가치를 측정하고, 매년 세계 100대 브랜드Best Global Brands 100를 발표한다. 이는 글로벌 기업의 CEO들이 가장 많이 활용하는 KPI 중 하나다.

인터브랜드가 브랜드의 가치를 측정하는 기준은 크게 세 가지다. 재무적 성과Financial Performance, 브랜드 역할력Role of Brand, 브랜드 강도Brand Strength가 그것이다.

1. 재무적 성과

전년도와 비교해 발생된 이익 또는 손해다. 이를 첫 번째 기준으로 삼는 이유는, 성과로 이어지지 않는 브랜딩은 의미가 없기 때문이다. 캠페인만 유명해지고 정작 브랜드는 철수하는 경우를 몇 번이나 보지 않았는가? 이것이 인터브랜드가 세계 100대 브랜드를 선정할 때 공시된 기업 브랜드만을 대상으로 하는 이유다.

2. 브랜드 역할력

소비자가 상품을 구매할 때 브랜드의 영향을 받는 정도를 말한다. 이는 업종에 따라 달라지는데, 동일한 업종에 속한 브랜드라면 브랜드 역할력은 동일하다. 코카콜라와 펩시콜라의 브랜드 역할력이 같다는 뜻이다. 브랜드 역할력이 가장 높은 카테고리는 무엇일까? 럭셔리다. 사실 우리가 원하는 것은 물건이 아닌 럭셔리 브랜드 그 자체다. 럭셔리 다음은 음료수, 그다음은 알코올이 뒤를 잇는다. 이런 결과를 보면 우리가 맛있다고 느끼는 감각도 브랜드력에 의해 좌우됨을 알 수 있다. 저렴한 와인과 고가의 와인을 블라인드 테스트에서 구분해내는 사람이 없었다는 와인 전문 저널의 조사 결과도 있다.

3. 브랜드 강도

브랜드 평가 기준 중 가장 중요한 것은 브랜드 강도다. 이는 나의 브랜드가 경쟁자에 비해 얼마나 강력한지를 측정하는 기준이다. 이 브랜드의 강도를 측정하는 10개의 지표(Direction, Alignment, Empathy, Agility, Distinctiveness, Coherence, Engagement, Presence, Trust, Connection)가 인터브랜드의 브랜드 가치평가 모델 중에서도 가장 흥미로운 부분이다.

10개의 지표를 모두 기억하기 어렵다면, 이것들을 관통하는 3개의 키워드만 기억하자. 인게이지먼트Engagement, 렐러번스Relevance, 그리고 리더십Leadership이다.

인게이지먼트는 "고유의 브랜드 자산하에 일관된 브랜드 경험을 제공하여, 고객들이 그 경험에 적극 참여하게끔 하는가?"를 의미한다. 기술의 발전으로 브랜드와 고객의 관계는 더 가까워졌다. 브랜드는 이것을 충분히 활용해야 한다. 렐러번스는 "사람들을 깊이 이해하고 온전히 공감하며 꼭 필요한 가치를 전달하는가?"를 의미한다. 브랜드의 목적과 약속은 고객들의 기대에 부응해야 한다.

이 세 가지 중에서도 인터브랜드가 가장 중요한 가치라고 강조하는 요소는 브랜드 리더십이다. 브랜드에 리더십이 있어야 한다니, 과연 무슨 뜻일까?

브랜드 리더십, 게임체인저

인터브랜드가 말하는 브랜드 리더십은 다음과 같다.

업의 본질을 재정의하여 비즈니스와 라이프스타일에 변화를 일으키는가?

그렇다. 변화를 일으키는 것, 그것이 브랜드를 강하게 만들고 브랜드의 가치를 높이는 가장 확실한 방법이다. 변화를 일으키는 브랜드, 그래서 영원히 그 변화의 맨 앞에 서는 브랜드, 선택의 이유를 바꾸는 브랜드. 우리는 그런 브랜드를 게임체인저 Game Changer라고 부른다.

흔히 비즈니스의 룰을 바꾸는 게임체인저라고 하면 테슬라, 애플, 아마존 같은 거창한 브랜드들을 떠올리곤 한다. 이들은 비즈니스의 룰을 바꾸는 것을 넘어 세상을 통째로 바꿔버린 진정한 게임체인저다. 동시에 세상에 없던 니즈를 스스로 창조하고 새로운 분야를 개척해낸 퍼스트무버First Mover다.

그러나 보통의 브랜드에게 그들은 너무 먼 존재다. 물론 그들도 시작은 작았지만, 그 이야기마저 신화가 되어버린 지 오래다. 애플이 차고에서 시작했다는 것이 무슨 위로가 되겠는가? 우리에게는 임대료 걱정 없는 차고도 없는데.

성공한 퍼스트무버는 게임체인저다. 그런데 다행히도 모든 게임체인저가 퍼스트무버는 아니다. 애플처럼 독보적인 기술이 없어도, 아마존처럼 압도적인 네트워크가 없어도, 앞서간 브랜드들이 만들어놓은 프레임을 벗어나는 것만으로도 게임체인저가 될 수 있다.

"아름다운 여성을 유혹할 때, 경쟁 상대가 장미꽃 열 송이를 보내면 당신은 열다섯 송이를 보내겠는가? 그렇게 생각하는 시점에서 이미 당신은 패배했다. 경쟁자가 무엇을 하든 상관없다. 그 여성이 정말 원하는 것이 무엇인지를 깨달아야 한다." 앞사람이 만든 기준을 따르지 말라는 스티브 잡스의 말이다. 장미꽃 열 송이를 보낸 남자는 퍼스트무버다. 열다섯 송이를 보낸 남자는 패스트팔로어다. 여성이 정말 원하는 다른 것을 찾아낸 남자는 게임체인저다. 게임체인저는 선택의 기준을 바꾼다.

퍼스트펭귄이라는 말이 있다. 바다 밑에 어떤 천적이 숨어 있을지 몰라 모두들 머뭇거릴 때 용감하게 바다에 뛰어드는 최초의 펭귄 말이다. 한 번 실패하면 재기가 힘든 지금, 퍼스트펭귄다운 용기를 내는 것은 정말 어렵다.

그렇기 때문에 많은 기업들이 훌륭한 패스트팔로어가 되기를 선택한다. 사실, 훌륭한 패스트팔로어가 되는 것도 쉽지 않다. 싱싱한 장미꽃 열다섯 송이를 준비하는 것은 쉽겠는가? 뭐든지 잘 해내기란 정말 어려운 일이다. 그렇지만 장미꽃 열다섯 송이를 준비하는 것보다 더 어려운 상황은 금방 찾아온다. 어디선가 장미꽃 스무 송이를 준비한 또 다른 경쟁자가 나타날 수 있다. 아무리 훌륭할지라도 패스트팔로어로 남는다면 지속 가능한 성공은 없다.

게임체인저가 되려면 앞선 브랜드들이 만들어놓은 프레임에서 빠져나와야 한다. 그 프레임을 빠져나오는 방법은, 나부터 관점을 바꾸는 것이다. 그래야 소비자의 관점, 더 나아가 시장의 관점을 바꿀 수 있다. 이것이 자신만의 관점, 독자적인 세계관을 가진 브랜드가 살아남는 이유다.

- 패션을 디자인이 아닌 환경의 일부로 바라본, 파타고니아
- 중고거래를 지역생활 커뮤니티로 재정의한, 당근
- 스킨색은 사람에 따라 다르다며 다양한 스킨색을 선보인
  속옷 브랜드, 서드러브
- 넓고 다양한 주제가 아닌 좁고 깊은 주제를 다루는, 매거진B
- 휴대폰 케이스를 자기표현의 수단으로 만든, 케이스티파이
- 처음으로 아파트에 독자적인 브랜드를 접목한,
  래미안 그리고 이편한세상
- 색상의 세계 공통 기준을 만들어낸, 팬톤

이러한 브랜드들은 세상을 뒤흔드는 혁신적 기술 없이 관점을
바꾸는 것만으로 게임체인저가 되었다.

누구나 주인공이 되고 싶어 한다. 그렇지 않은가? 브랜드도 마찬
가지다. 조연으로 머물고 싶은 브랜드는 하나도 없다.
    그렇다면, 주연과 조연을 나누는 기준은 무엇일까? 다음 세
가지다. 분량이 많은가? 캐릭터에 공감할 수 있는 서사가 있는
가? 그리고, 누구의 관점으로 이야기가 진행되는가? 분량, 서사,
그리고 관점. 이 세 가지를 브랜드에 적용해보자.

처음부터 분량을 확보할 수 있는 브랜드는 없다. 새로운 브랜드가 사람들의 삶에 분량을 차지하기까지는 시간의 힘이 필요하다. 다행히 서사는 브랜드가 스스로 만들어낼 수 있다. 그것이 브랜드 스토리다.

마지막으로 관점, 이것 역시 브랜드가 주도할 수 있다. 나만의 독창적이고 매력적인 관점을 만들어낸다면, 그리고 그 관점이 공감을 얻을 수 있다면, 결국 분량은 늘어나게 된다. 이것이 브랜드가 주인공 자리까지 오르고, 지속 가능한 성공을 이룩할 수 있는 길이다.

프레임을 빠져나오는 방법은,

나부터 관점을 바꾸는 것이다.

그래야 소비자의 관점,

더 나아가 시장의 관점을 바꿀 수 있다.

이것이 자신만의 관점,

독자적인 세계관을 가진 브랜드가

살아남는 이유다.

지금의 세상 다시 보기

→ 지금의 세상을 나만의 관점으로 다시 보는 것이 시작이다.
→ 사람들의 삶과 세상의 변화에 호기심을 갖고,
　 익숙한 것을 낯설게 보자.
→ 당연한 것을 부정할 때 재정의가 시작된다.

스페인에서 열린 브랜드서밋에 참가해 누구나 알 만한 글로벌 브랜드의 CMO들을 한자리에서 만날 기회가 있었다. 금융업, 자동차업, 엔터테인먼트업 등 다양한 분야의 브랜드들이 망라되어 있었다. 그들에게 똑같은 질문이 주어졌다. "지금 여러분의 브랜드가 가장 고민하고 있는 것 네 가지는 무엇입니까?"

　놀랍게도 답변의 순서만 다를 뿐, 내용은 모두 같았다. 첫째, 전통 있는 브랜드보다 신선한 브랜드를 더 좋아하는 밀레니엄세대와 Z세대를 어떻게 우리 고객으로 끌어들일 것인가? 둘째, 눈부시게 발달하는 AI 기술들을 어떻게 비즈니스에 접목할 것인가? 셋째, 우리 브랜드만의 ESG를 어떻게 실행할 것인가? 그리고 넷째, 우리 업을 어떻게 재정의할 것인가?

이 중 가장 본질적인 고민은 마지막, '우리 업을 어떻게 재정의할 것인가'다. '재정의'는 컨설팅을 하면서 가장 자주 직면하는 키워드다. 지금 이 시대가 모든 브랜드들에게 존재의 이유를 재정의하라고 요구하고 있다.

변곡점의 시대,
모든 의미가 재정의된다

왜 업의 재정의가 중요해졌는가? 정말로 세상이 변했기 때문이다. "지난 2천 년 동안 이루어진 변화보다 더 큰 변화가 향후 100년 안에 펼쳐질 것이다. 이 변화는 우리가 사는 방식을 근본적으로 바꿀 것이다." 미래학자 레이 커즈와일Ray Kurzweil의 말이다. 어제의 활황 산업이 오늘의 사양 산업이 되는 것을 우리는 수없이 목도하고 있다. 세상이 구동되는 방식 자체가 변하고 있는 지금, 위기감을 느끼지 않는 브랜드는 하나도 없다. 변화는 승자와 패자를 나눈다고 하지 않는가? 변곡점의 시대, 지금 이 순간이 다음 한 세대를 정의한다.

업을 재정의하려면 선행되어야 할 과제가 있다. 내가 속해 있는 세상을 나만의 관점으로 재정의하는 것이다. 지금의 세상을 재정의해야 내가 꿈꾸는 이상적 세상을 그릴 수 있고, 그 안에서 나의 역할을 찾을 수 있다.

운동화 업계의 파타고니아로 불리는 올버즈를 보자. 올버즈는 "더 나은 방법으로 더 좋은 제품을 만드는 일은 결코 쉬운 일이 아닙니다"라고 이야기한다. 그럼에도 비콥B Corp 인증(미국의 비영리 기관 비랩이 수여하는 ESG 기업 인증 제도) 기업, 즉 긍정적 영향력을 공식적으로 인정받은 브랜드답게 친환경에 대한 신념을 굽히지 않는다.

올버즈와 나이키를 비교해보면 관점의 차이가 어떻게 역할의 차이를 만드는지 알 수 있다. 두 브랜드는 모두 운동화를 만들지만 그 역할은 서로 다르다. 차이는 세상을 보는 눈에서 비롯된다. 나이키는 이 세상을 '많은 사람들이 신체적 잠재력을 충분히 발휘하지 못하는 곳'으로 본다. 그래서 능력을 향상해줄 퍼포먼스 위주의 운동화를 개발한다. 반면 올버즈는 이 세상을 '무분별한 패션산업으로 지속 가능성이 위협받고 있는 곳'으로 본다. 그래서 메리노울, 유칼립투스 나무, 사탕수수 등 친자연 소재로 만든 운동화를 개발한다.

당신의 눈에
지금의 세상은?

휴맥스모빌리티의 브랜드 전략 재정립 프로젝트를 진행했을 때였다. 휴맥스모빌리티는 카셰어링, 주차, 전기차 충전, 발렛 등 다양한 모빌리티 서비스를 운용하고 있었다. 기업의 입장에서는 이 모두가 서로 다른 특징과 시장을 가진 독자적인 서비스다. 예를 들어 카셰어링은 차가 없는 사람들을 위한 서비스인 반면, 주차는 차를 가진 사람들을 위한 서비스다. 그러니 각각의 서비스가 서로 다른 이름으로 각자의 플랫폼에서 운영되는 것은 당연했다.

그런데 서비스를 이용하는 사람들의 입장에서도 그러할까? 브랜드 전략 재정립 프로젝트를 진행하면서, 다양한 사람들에게 주중과 주말 일과를 큰 종이에 그려달라고 부탁했다. 그리고 그 일과를 이동이라는 관점에서 들여다보았다.

당연하게도 사람들의 삶은 다 달랐다. 회사와 집을 오가며 단순하게 사는 사람들도 있었고, 분주하게 동호회를 찾아다니는 활동적인 사람들도 있었다. 모두 다른 삶이었지만, 공통점이 있었다. 이동과 이동이 모여 일상이 된다는 사실이었다. 이동이 연결을 만들고, 연결이 의미 있는 시간을 가능케 했다. 사회적 동물인 인간은 과거에도 이동을 계속했으면, 앞으로도 계속하리라.

일상을 공유하면서 발견한 또 한 가지 사실은 이동과 이동 사이에는 크고 작은 '뜸'이 있다는 것이다. 주차 자리를 찾아 헤매고, 충전이 끝나기를 무료하게 기다리며, 내게 맞는 카셰어링을 검색하는 시간을 상기해보라. 이런 시간들이 바로 이동 생활의 '뜸'이다.

우리는 이동 생활의 뜸이 생기는 이유를 관련 서비스들이 서로 이어지지 않고 독자적으로 존재해서라고 보았다. 그리고 이러한 지금의 세상을 '각진 세상'으로 명명했다. 만약, 이동을 구성하는 모든 요소들이 이음새 없이 연결되어 있다면 이동 생활에 필요한 시간과 에너지는 줄어들 것이다. 그래서 세상은 더 부드럽게 움직일 것이다. 이것이 우리가 꿈꾸는 '각이 없어진 세상'이다. 이 관점을 바탕으로 제각기 존재했던 브랜드와 플랫폼을 하나로 통합했다. 이렇게 만들어진 브랜드가 '모두의 이동 생활을 두루두루 연결한다'는 의미의 '투루Turu'다. 투루는 이동 생활의 각을 제거하겠다는, 그래서 부드럽게 연결되는 세상을 만들겠다는 꿈이 담긴 브랜드다.

　　당신이 존재하는 이 세상은 어떤 세상인가? 다른 누구의 눈도 아닌, 당신의 눈으로 다시 보라. 이것이 시작이다.

호기심 갖기, 낯설게 보기, 그리고 부정하기

세상을 나만의 관점으로 다시 본다는 것은 무엇인가? 그렇게 하기 위해서는 무엇이 필요한가? 다음 세 가지를 살펴보자.

1. 호기심 갖기

사람들의 삶과 변화하는 세상에 호기심을 갖는 것, 이것이 재정의의 시작이다. 어떤 사람이 좋은 브랜더가 될 수 있을까? 그 질문에 대한 답은 나도 계속 찾는 중이지만, 어떤 사람이 좋은 브랜더가 되기 어려운지는 알 것 같다. 고집스러운 사람, 냉소적인 사람, 비관적인 사람이다. 브랜딩은 기본적으로 호기심 넘치는 낙관주의자의 일이다. 호기심이 있어야 다른 사람이 보지 못하는 것, 더 나아가 문제의 본질을 볼 수 있다. 버진그룹의 리처드 브랜슨Richard Branson은 "세상이 어떻게 돌아가고 있지? 이 것은 나의 변함없는 관심사였다"라고 말한다.

2. 낯설게 보기

세상에 대한 호기심은 낯설게 보기로 이어져야 한다. 당연한 것을 당연하게 보지 않는 것, 익숙한 것을 익숙하게 보지 않는 것, 이것이 낯설게 보기다. 솔직히 말하면, 낯설게 보기는 내게도 참 어려운 숙제다. 익숙함과 당연함을 경계하고 낯설게 보라고 조언을 하면서도, 어떻게 하면 낯설게 볼 수 있냐는 질문에 제대로 된 대답을 할 수 없었다. 그러나 최근 그 답을 찾았다. "유심히 관찰하다 보면 어느 순간 대상이 낯설어 보인다." 사진작가 구본창이 어느 인터뷰에서 한 말이다. 낯설게 보기는 우연한 요행이 아니다. 대상에 몰입하고 집중해야 비로소 얻을 수 있는 통찰이다.

　낯설게 보기를 회화로 구현한 르네 마그리트René Magritte는 이렇게 말한다. "우리가 보는 것은 다른 어떤 것을 가리고 있다. 나는 항상 보이는 것 뒤에 가려진 것을 보기 원한다. 나에게 세상은 상식에 대한 도전이다." 선입견을 버려라, 기존의 질서에서 벗어나라, 이를 위해 몰입하라. 새로움을 찾는 모든 이들이 마음속에 깊이 새겨야 할 말이다.

3. 기존의 질서 부정하기

세상에 대한 호기심을 놓지 않았는가? 세상을 낯설게 보았는가? 그렇다면 이제 기존의 질서를 부정할 차례다. 브랜드의 개념을 일깨워준 버진그룹의 리처드 브랜슨, 우리 시대의 진정한 위인 스티브 잡스, 담대한 도전자 일론 머스크. 비즈니스를 재정의함으로써 세상을 변화시킨 이 시대의 아이콘들, 이들은 순응자인가, 불응자인가? 불응자다. 기존의 질서에 불응했기 때문에 독자적인 세계를 만들 수 있었다.

기존의 가치에 순응한다면 세계를 나만의 관점으로 재정의할 수 없다. 시장의 질서에 편입한다면 평생 경쟁자들보다 더 잘하려고 노력하며 살아가야 한다. 이면에 숨은 가치를 찾기 위해서는, 그래서 새로운 관점을 갖기 위해서는, 맞다고 여겼던 기존의 질서에 '아니'라고 외쳐야 한다.

거창하고 대단한 브랜드만 가능한 것은 아니다. 작고 사랑스러운 브랜드, 매일유업의 '바나나는원래하얗다'를 보자. 1974년 출시된 빙그레 바나나맛우유는 우리나라를 대표하는 브랜드 중 하나다. 달항아리에서 영감을 얻은 독특한 용기 모양과 달짝지근한 바나나맛은 그야말로 압도적이다. 많은 경쟁 브랜드들이 이 시장에 도전했다. 바나나맛에 특허가 있는 것도 아니고, 복잡한 기술이 필요한 것도 아니었다. 그럼에도 도전했던 모든 브랜드가 반짝 성공도 거두지 못하고 참패 후 철수했다.

50년이 넘는 시간 동안 이 시장에서 유의미한 성공을 거둔 브랜드는 매일유업의 '바나나는원래하얗다'뿐이다. 2006년 출시 후 거의 20년간 살아남았으니 성공에 가깝다고 할 수 있겠다. 그런데 왜 이 브랜드뿐일까? 진짜 바나나를 넣었기 때문만은 아니다. 가장 큰 이유는 바나나우유가 노란색이어야 한다는 통념을 깼기 때문이다. 당연한 것을 낯설게 보고, 기존의 질서를 뒤집은 결과다.

이미 규정한 말이나 사물의 뜻을 다시 밝혀 규정함.

재정의의 사전적 의미다. 즉 재정의란, '내가 서 있는 자리가 어디인지 다른 누구의 관점이 아닌 스스로의 관점으로 파악한다'는 말이다. 내가 어디에 서 있는지를 파악해야 내 주위의 세계를 볼 수 있고, 내가 어디로 가야 하는지도 알 수 있다.

세상에 대한 호기심을 바탕으로 낯설게 보았는가? 관습을 부정하였는가? 그리하여 마침내 내가 존재하는 세상을 나만의 관점으로 재정의하였는가?

그렇다면 이제부터는 이 세상을 바꾸어볼 차례다. 세상을 어떻게 바꾸고 싶은가?

이상적 세상 그리기

지금의 세상이 변해야 할 방향, 즉 이상적인 세상을 그려본다.
이상적 세상이란 브랜드가 만들어갈 세상이다.
존재하지 않는 세상을 꿈꾸고,
존재하는 세상으로 만들어가는 것이 브랜드의 일이다.

메이비^{Maybe} 가 가장 아름답다고 포크너가 그랬잖아. '메이비^{Maybe}'
덕분에 우리는 오늘을 살고 내일을 기다리는 거야.

《이어령의 마지막 수업》을 읽다가 이 문장에 밑줄을 그었다. 그
렇다. 우리는 Maybe라는 희망과 상상이 있기에 오늘 안에서 더
나은 내일을 만들 수 있다.

모든 브랜드는 Maybe를 품어야 한다. Maybe를 품는다는 것은 더 나은 내일을 꿈꾼다는 뜻이다. 브랜드가 존재하는 이유는 더 나은 세상을 만들기 위해서다. 세상에 변화를 일으키지 않는 브랜드라면 존재할 이유가 없다. 작은 브랜드도 큰 브랜드도, 궁극적 존재 이유는 나로 인한 세상의 변화다.

생각해보면 우리가 접한 모든 처음에는 브랜드가 있었다. GE로 전기를 사용하게 되었고, 포드로 자동차를 탈 수 있었으며, IBM과 애플로 컴퓨터와 스마트폰을 배웠고, 에어비앤비와 우버로 자동차와 집을 공유하는 방법을 알게 되었다. 새로운 기술, 새로운 소재, 새로운 라이프스타일, 그 시작은 언제나 브랜드였다.

세계관이 새로운 변화를 이끈다는 것을 잘 보여주는 고전적인 사례로는 펭귄북스가 있다. 책은 두꺼운 양장본으로 서재의 책꽂이에 꽂혀 있는 것이 본래의 역할이라고 여겨지던 시절에, "책은 소장품이 아니다. 읽으라고 있는 것이다"라는 관점을 가졌던 앨런 레인Allen Lane. 이에 그는 허세 없는 유쾌한 이름 '펭귄', 우아한 이탤릭체 대신 또박또박 정자체로 쓰인 제목, 어디서든 꺼내 읽고 싶게 만드는 세련된 표지 디자인, 이해하기 쉬운 번역과 편집이 특징인 출판사 펭귄북스를 만들어낸다. 그리하여 펭귄북스는 누구나 쉽게 책을 읽을 수 있는 세상으로의 변화를 이끌어냈다.

이처럼 세계관은 브랜드가 만들어가는 세계의 바탕이 된다. 존재하지 않는 세계를 꿈꾸고 존재하는 세계로 만드는 것, 이것이 브랜드의 일이다.

더 큰 목적을 찾아
변화하는 브랜드

세계관의 첫 단계가 당연한 것을 당연하지 않게, 익숙한 것을 익숙하지 않게 지금 이 세상을 재정의하는 것이라고 말했다. 지금의 세상을 재정의해야 하는 이유는 내가 서 있는 자리를 정확히 알기 위해서다. 그다음으로 이상적인 세상을 꿈꾸어야 하는 이유는 내가 가야 할 자리, 만들어갈 변화를 분명히 알기 위해서다. 그것이 이어령 선생이 말했던 'Maybe'다. 더 적극적인 영어 표현으로 'as if'가 있다. 나이키의 전 CMO 그레그 호프만 Greg Hoffman은 "as if가 모든 아이디어의 중심"이라고 말했다.

브랜드의 리더십은 시장점유율로 결정되는 것이 아니다. 누가 더 가치 있는 목적과 큰 야망을 보여주는가의 겨룸이다. 명쾌한 목적, 의미 있는 야망, 영감을 주고받는 포부는 대담해야 한다. '글로벌 1위 기업', '매출 목표 달성' 같은 목표가 아니다. 사회적 규범과 관습을 깨는 임팩트를 보여주어야 한다.

더 큰 목적이 더 큰 세상으로 브랜드를 이끈다. 시대가 요구하는 더 큰 목적을 찾아 변화하고 성장하는 브랜드, 더 큰 목적을 향해 멈춤 없이 나아가는 브랜드, 그러한 브랜드만이 존재할 가치가 있는 브랜드로 인정받을 수 있다.

꿈과 기술이
주고받는 영감

'세상의 처음을 만나는 일.' 나는 내 직업을 이렇게 소개하곤 한다. 2000년대 초반, 어느 작은 기업과 만남에서도 그 처음의 순간을 목도하는 일이 있었다.

기업의 회의실 사정이 여의치 않아, 대표님이 우리 회사로 자주 방문해 대화를 나누었다. 그런데 대표님이 들려주는 이야기가 너무나 흥미진진했다. 골프와 IT 기술을 접목한다면 완전히 다른 방식으로 골프를 즐길 수 있다는 이야기였다. 대표님이 IT 기술로 구현될 골프 코스를 열정적으로 설명할 때면, 나는 속절없이 이야기에 빠져들곤 했다.

이 기업의 이름은 '골프존'이다. 골프존이 만들고자 하는 세상은 명확했다. 환경을 파괴하며 소수만 즐기는 스포츠가 아니라, 누구나 골프를 즐길 수 있는 세상.

골프가 대중화되었다고 말하는 지금도 골프는 만만한 취미가 아니다. 필드에 나가려면 적지 않은 돈과 시간을 소비할 결심이 필요하다. 하물며 당시에는 어땠을까? 그런데 누구나 골프를 즐길 수 있는 세상이라니, 너무나 명쾌하면서도 도발적인 세계관이었다.

그래서 우리는 골프존의 핵심 가치를 '새로운 경험New experience'으로 정의했다. 골프존을 처음 방문한 사람이 느끼는 놀라운 경험, 지속적인 업그레이드에 대한 약속, 나아가 모두가 골프를 즐기는 새로운 세상을 경험하게 해주겠다는 의지이자 미션이었다.

스크린골프의 시초가 된 시뮬레이션 기술은 이미 1990년대 초부터 존재했다. 미국, 독일, 일본 등의 골프클럽 제조사들이 제품을 테스트하기 위해 개발한 기술이었다. 그러나 이 기술을 지금의 스크린골프로 만들어 활성화한 것은 골프존이다. 지식경제부(현 산업통상자원부)에서 우리나라가 스크린골프의 종주국이라고 공식 발표했을 정도다.

이제, 골프존의 꿈은 이루어졌다. 몇 시간을 운전해 교외로 나가지 않아도, 까다로운 복장 규정을 지키지 않아도, 비싼 비용을 내지 않아도, 가까운 곳에서 비교적 저렴하게 골프를 칠 수 있는 세상 말이다. 심지어 골프의 전설 타이거 우즈도 스크린골프 리그의 구단주가 되었다.

과거의 나를 부정하며 그려나간 새로운 세계

시장 상황이나 경쟁사의 움직임에 따라 방어적인 대응을 해야 할 경우가 있다. 그런데 때로는 딜레마에 빠진다. 시장을 지키기 위해 경쟁사와 비슷한 제품을 출시했지만, 오히려 자사 주력 제품의 시장을 잠식하는 결과를 낳을 때다.

내연기관 자동차 제조사들이 전기자동차를 출시하는 경우, 고급 호텔이 저가 호텔을 오픈하는 경우 등이 그렇다. 이럴 때 모母브랜드와 구별되는 별개의 브랜드, 즉 제2브랜드 출시가 해결책이 될 수 있다. 모브랜드를 보호하면서도 시장 대응을 할 수 있는 현실적인 최선이다. 물론, 모든 정보가 속속들이 공개되는 오늘날에는 제2브랜드 출시가 과거만큼 효과적인 전략은 아니다.

방어적 비즈니스 전략으로 대중화된 물건 중 하나가 전자 담배다. 전자담배는 담배의 유해성 때문에 담배를 끊고 싶지만 끊지 못하는 흡연자들을 위해 개발되었다. 그러나 담배 회사들이 공격적으로 전자담배를 마케팅하기는 쉽지 않다. 시장 규모가 훨씬 더 큰 연초담배 시장이 줄어들 수도 있기 때문이다.

그런데 말보로, 버지니아슬림, 팔리아멘트 등의 브랜드를 소유한 필립모리스는 전자담배를 바라보는 시각이 좀 다르다. 필립모리스는 어지간하면 담배를 피우지 말고, 흡연자라면 담배를 끊고, 끊지 못하겠으면 차라리 전자담배로 바꾸라고 적극적으로 말한다. 그들은 이러한 관점을 바탕으로 새로운 미션을 공표했다. '담배 연기 없는 세계', 이것이 그들이 만들어갈 이상적 세상의 모습이다. 이를 위해 필립모리스는 10년간 8조 원 이상을 투자한 끝에 2015년 전자담배 아이코스IQOS를 출시했다.

사실, 전자담배가 연초담배에 비해 얼마나 안전한지에 대해서는 의견이 분분하다. 조사 기관에 따라 결괏값이 다르므로 전자담배 자체를 옹호하고 싶지는 않다. 다만 필립모리스가 새로운 세계관을 그려나가는 과정은 흥미롭다.

앞 장에서 지금의 세계에 '아니'라고 말하는 것으로부터 새로운 세계관을 그릴 수 있다고 말했다. 그런데 필립모리스는 지금의 세계에 아니라고 말하는 것을 넘어, 자신들의 유산을 반성하고 부정하며 새로운 세계관을 그려가고 있다. 아직은 의심 어린 눈으로 그들의 활동을 바라보는 사람이 많은 것도 사실이다. 과연 필립모리스의 세계관에 얼마나 많은 사람들이 지지를 보낼 것인가? 앞으로 그들이 보여줄 진정성이 이를 가름할 것이다.

세상은 성공한 브랜드와 실패한 브랜드가 아닌, 변화를 꿈꾸는 브랜드와 지금에 순종하는 브랜드로 나뉜다. 내가 만들어갈 변화, 내가 만들어갈 세상, 이것이 세계관의 핵심이며 브랜딩의 중심이다. 더 나은 세상에 대한 상상력이 없다면 아무리 훌륭한 비즈니스 모델이라도 동력을 갖지 못한다.

세상에 하고 싶은 말이 무엇인가? 무엇을 위한 브랜드인가? 어떤 변화를 꿈꾸는가?

내 역할 재정의하기

이상적 세상을 만들기 위한 내 역할을 재정의해야 한다.
카테고리에서 벗어나야 진정한 내 역할을 알 수 있다.
브랜드는 제품이나 서비스 이상의 가치를 대표해야 한다.

식물을 화분에서 키운다면 제때제때 더 큰 화분으로 옮겨주어
야 한다. 분갈이 시기를 놓치면 식물의 성장이 더뎌지고 심하면
뿌리가 썩고 만다. 그런데 작은 화분에서 큰 화분으로 분갈이를
해주면 신기하게도 눈에 띄게 쑥쑥 자란다. 기분 탓이 아니다.
독일의 한 연구소에서 이를 증명했다. 식물의 뿌리는 화분의 바
깥쪽을 향해 뻗어간다. 그러나 뻗어가던 뿌리가 화분의 표면을

만나면 식물은 스스로 성장을 멈춘다.

비슷한 사례를 관상어의 한 종류인 '코이'에게서 볼 수 있다. 어항에서 자라느냐, 연못에서 자라느냐, 강에서 자라느냐에 따라 코이는 5cm에서 성장이 멈출 수도 있지만 120cm까지 자랄 수도 있다. 이를 '코이의 효과'라고 부른다.

식물도, 동물도, 사람도, 그리고 브랜드도 제때에 적절한 분갈이를 해줘야 한다. 내가 어디까지 뿌리를 내릴 수 있는가, 내가 어디까지 헤엄칠 수 있는가는 내 한계를 어디까지로 인식하는지에 달려 있다. 내 한계를 작은 화분, 작은 어항에 가둔다면 절대로 그 이상 성장할 수 없다.

많은 브랜드들이 자신의 한계를 제품 또는 서비스 카테고리에 가둔다. 좋은 제품을 만들고 좋은 서비스를 제공하는 것만으로는 불충분하다. 성장하고 싶다면 카테고리라는 작은 화분에서 나와야 한다.

그렇다면 카테고리라는 화분에서 나와서 어디로 가야 하는가? 브랜드가 꿈꾸는 이상적인 세상으로 가라. 그리고 그 세상을 만들기 위해 우리 브랜드가 어떤 역할을 할 수 있는지를 고민하라. 이것이 바로 지금의 세상을 낯설게 보고, 이상적인 세계를 그려본 이유다. 브랜드가 마음껏 뿌리를 뻗어가려면 이 작업이 필요하다.

카테고리에서
벗어나야 하는 이유

왜 카테고리가 아닌 역할로서 브랜드를 재정의해야 하는가? 이유는 단순하다. 브랜드의 지속 가능한 발전을 위해서다.

모든 것이 빠르게 변화하는 시대, 도입기부터 성장기, 성숙기, 쇠퇴기까지 이르는 제품수명주기product life cycle는 점점 더 짧아지고 있다. 이용자가 5천만 명이 되는 데 비행기는 68년이 걸렸고, 자동차는 62년이 걸렸다. 신용카드는 28년, 텔레비전은 22년이 걸렸다. 유튜브가 4년 만에 이 숫자에 도달했을 때만 해도 세상은 놀라워했다. 그러나 2022년 11월에 출시된 챗GPT는 불과 두 달 만에 사용자 1억 명을 훌쩍 뛰어넘었다.

누군가가 나타나 세상을 평정한다는 건, 또 다른 누군가가 사라진다는 뜻이다. 언제 어떤 카테고리가 갑자기 쇠퇴기를 맞게 될지 아무도 알 수 없다. 챗GPT의 등장으로 모든 AI 브랜드들이 다시 똑같은 출발점에 서게 되었다는 어느 연구원의 푸념이 이를 방증한다. 카테고리의 쇠퇴는 강력한 경쟁자가 나타나는 것보다 훨씬 더 극복하기 힘든 문제다.

브랜드 노후화를 극복할 수 있는 단 한 가지 방법은 카테고리에서 벗어나 역할을 재정의하는 것이다. 우버, 에어비앤비 같은 공유경제 브랜드의 본질은 플랫폼 기술이다. 그러나 그렇게 이야기하는 사람은 없다. 오로지 그들이 만들어갈 세상과 이를 위한 역할을 이야기한다.

인터브랜드가 매해 발표하는 세계 100대 브랜드의 특징을 살펴보면, 다음과 같은 세 가지 특징을 발견할 수 있다.

1. 상위권 브랜드 중 10년 전 하던 일을 그대로 하고 있는 브랜드는 없다. 적극적인 확장과 변화를 계속하는 브랜드만이 살아남는다. 넷플릭스도 처음엔 DVD 대여점에서 시작했다.

2. 10년 전에는 이름도 생소했던 브랜드가 100년 넘게 이어진 명문 브랜드들을 제치고 당당히 100대 브랜드에 이름을 올리고 있다. 스포티파이, 링크드인, 인스타그램, 페이팔 같은 브랜드다.

3. 최상위권 브랜드는 카테고리를 특정할 수 없다. 애플, 마이크로소프트, 구글, 아마존……. 이런 브랜드들은 어떤 카테고리에 속하는가? 그들은 그저 구글이고 아마존일 뿐이다.

물론 적극적인 확장과 변화가 늘 성공하는 것은 아니다. 자동차의 패러다임이 소프트웨어 중심으로 변화하면서 전기차로의 확장을 선포한 브랜드들이 있다. 애플과 다이슨이 대표적이다. 애플은 "자동차는 달리는 스마트폰"이라며 자동차의 의미를 재정의하고 자신의 역할을 확장했다. 애플의 전기차 프로젝트는 2014년으로 거슬러 올라간다. 혁신적인 제품들로 소형 가전 시장을 평정한 다이슨도 마찬가지다. 2017년 배터리 기업을 인수하며 호기롭게 전기차 출시를 선언했다. 그러나 애플과 다이슨 모두 출시 일자를 계속 연기하더니 결국 사업을 포기한다는 발표를 했다. 역할을 재정의한다는 것은 세계 최고의 브랜드에게도 어려운 것이 사실이다.

그렇기에 역할의 재정의에 앞서 먼저 스스로 이런 질문을 던져보자.

- 시대 정신을 충분히 반영하였는가?
- 그래서 확장된 역할이 앞으로도 지속 가능한가?
- 새로운 역할을 위한 충분한 역량을 갖추고 있는가?
- 새로운 역할에 대해 내부 조직의 확신이 있는가?

즉, 외부적·내부적 상황에 대한 충분한 연구와 성찰이 선행될 때 진정 의미 있는 역할의 재정의가 가능하다.

제품, 그 이상의 가치를
대표하게 하라

가장 혁신적인 식품기업으로 손꼽히는 초바니의 창업자 함디 울루카야Hamdi Ulukaya는 "만드는 것, 그 이상의 가치를 대표하지 않는다면 현대적인 브랜드라 인정할 수 없다"며 "우리가 만드는 것은 요거트지만, 우리의 비즈니스는 웰니스wellness"라고 이야기한다.

함디 울루카야가 터키에서 미국으로 이민 왔을 때, 미국인들에게 요거트는 달콤한 간식에 불과했다. 진짜 요거트는 이런 것이 아니라고 생각한 그는 폐공장을 인수해 그릭요거트를 만들겠다고 결심한다. 그렇게 마침내 건강을 최우선 가치로 삼은 초바니가 탄생했고, 초바니는 요거트의 개념을 완전히 변화시켰다. 그러나 함디 울루카야가 존경받는 기업가로 인정받고, 초바니가 혁신적인 식품기업으로 손꼽히는 이유는 콜레스테롤과 탄수화물을 줄이고 단백질 비중을 높인 요거트를 만들었기 때문만은 아니다. 그가 이루고자 한 세계관 덕분이다.

함디 울루카야는 건강한 요거트를 넘어 건강한 세상, 즉 세상의 웰니스를 꿈꾸었다. 대표적 사례가 난민 문제 해결을 위한 행동이었다. 난민 출신이었던 그는 회사 규모가 커지고 새로운 직원들이 필요해지자, 난민정착센터를 찾았다. 일자리가 있다면 더 이상 난민이 아니라는 믿음으로 직원 중 30% 이상을 이라크, 아프가니스탄, 아프리카 출신 난민으로 고용했다.

초바니는 난민들을 단순히 값싼 인력으로 여기지 않았다. 영어가 익숙하지 않은 난민들을 위해 통역을 고용하고, 합리적인 월급을 지불했다. 심지어 회사 주식의 10%를 직원들에게 나누어주었다. 자신의 재산을 난민 문제 해결을 위해 기부하겠다는 서약까지 마쳤다.

당신이 하는 일의 궁극적 목표와 이를 실현하기 위한 역할은 무엇인가? 당신의 브랜드가 당신이 만드는 것 이상의 가치를 대표하게 하라. 그것이 함디 울루카야가 말하는 '카테고리'와 '비즈니스'의 차이점이다.

이름을
바꾼다는 것

지속적인 발전을 위한 역할의 재정의, 이것은 전 세계 기업이 공통적으로 고민하고 있는 어젠다이다. 이를 단적으로 보여주는 사례가 기업의 이름, 즉 사명의 변경이다.

과거에는 많은 기업들이 무슨 일을 하는지 쉽게 알아볼 수 있는 사명을 지었다. 듣기만 해도 그 기업이 하는 일을 짐작할 수 있는 사명이 좋은 이름이라 여겨졌다. 그러나 최근 많은 기업들이 그러한 사명을 변경하고 있다. 그 이유는 명쾌하다. 이제 그 누구의 업도 한 단어로 규정할 수 없게 되었기 때문이다.

현대자동차는 사명에 '자동차'라는 카테고리를 명시하고 있다. 그렇지만 하는 일을 들여다보면 수소 생태계 구축, 로봇 개발, 미래항공모빌리티AAM 등 자동차라는 단어로는 다 담을 수 없는 폭넓은 비즈니스를 하고 있다. 현대자동차 스스로도 기업 비전에서 이렇게 설명한다.

현대자동차는 모빌리티 솔루션 기업으로서 자동차 제조를 넘어서서 모든 사람들에게 이동의 자유를 제공하고자 합니다.

기아자동차가 사명에서 자동차를 삭제하고 '기아'로 재탄생한 이유도 같은 맥락이다.

앞서 세계 100대 브랜드의 특징 중 하나로 '10년 전 사업을 그대로 하는 기업은 없다'고 말했다. 이는 어느 기업도 10년 후의 모습을 단정 짓지 못한다는 이야기다. 10년 후에 우리 비즈니스가 어떻게 변화하고 확장될지 아무도 모르기에, 과거처럼 업을 규정하고 명시하는 사명을 쓸 수가 없다. 하지만 업의 영역을 넘어서는 기업의 철학은 향후 비즈니스가 변화, 확장하더라도 여전히 유효하게 남아 있을 수 있다.

내가 최근에 작업한 프로젝트 중 가장 큰 비율을 차지하는 것 역시 사명 변경 프로젝트다. 난이도로 따지면 가장 높다. 단 몇 년 후도 예측할 수가 없는데, 100년 후를 내다보고 사명을 개발해야 하기 때문이다. 그러므로 사명을 개발할 때 더욱 고민해야 하는 것이 기업이 만들어갈 세상, 그리고 기업의 역할이다.

사명 변경 프로젝트를 할 때마다 늘 클라이언트에게 소개하는 기업이 있다. 사명을 어떻게 변경해야 하는지 가장 큰 영감을 준 사례, 에퀴노르Equinor다. 에퀴노르는 노르웨이 국영 기업으로, 전 세계 36개국 이상에서 사업을 영위하는 석유 및 천연가스 기업이다.

오늘날, 정유사들은 사회적 책임감으로 어깨가 무겁다. 땅속에 묻혀 있던 석유를 땅 위로 꺼내 놓은 이 기업들 때문에 기후 위기가 시작되었다. 정유사들이 탄소중립을 위해 다양한 전략을 마련하는 동시에 사명에서 석유의 이미지를 지우려 하는 이유다. 프랑스의 에너지 기업 '토탈'은 '토탈에너지스'로, '카타르 페트롤륨'은 '카타르에너지'로 이름을 바꾸었다. 'BP'는 더 이상 '브리티시 페트롤륨'이 아닌 '비욘드 페트롤륨'이다.

에퀴노르의 원래 이름은 스타토일Statoil이었다. 스타토일 역시 사명 안에 오일이 포함되어 있다. 그러나 그들은 단순히 오일을 에너지로 바꾸는 것에 그치지 않았다. 스타토일은 지금의 세계를 '에너지가 불평등한 세계'로 보았다. 그리고 그들이 꿈꾸는 이상적 세계를 '인류 모두가 에너지를 공평하게 사용하는 세계'로 규정했다. 그러자 역할이 분명해졌다. '에너지가 공평하게 사용되게 하는 일.' 이를 단 한마디의 세계관으로 정의한 것이 바로 '공평Equality'이다. 그렇게 Equality에서 equi를, 노르웨이에서 nor를 따와 에퀴노르Equinor라는 새로운 사명을 발표했다. 에너지 산업의 흐름이 10년 후 또는 100년 후 어떻게 변하든, 에너지를 공평하게 사용하는 세계를 만들겠다는 그들의 세계관은 계속될 것이다.

나도 사명 개발 프로젝트를 진행할 때는 임직원들과 함께 기업의 세계관을 먼저 규정한다. 그중 하나가 SK루브리컨츠 프로젝트였다. SK그룹은 기업의 역할을 많이 고민하는 대기업 중 하나다. 이것이 SK그룹의 많은 자회사들이 사명을 변경한 배경이다.

루브리컨츠라는 어려운 이름은 윤활유를 뜻하는 영어 단어 'lubricant'를 그대로 가져와 만들어졌다. 이름에서 알 수 있듯이, 우리나라 대표 윤활유인 '지크ZIC'로 유명한 기업이다. 그러나 자동차의 패러다임이 내연기관차에서 전기차로 변하면서, SK루브리컨츠의 비전에도 변화가 필요해졌다. 기업의 역할과 이에 따른 세계관을 재정의해야 했다.

기업의 세계관은 먼 곳에서 가져오는 것이 아니다. 내 안에 있는 핵심 가치를 가장 먼저 들여다봐야 한다. SK루브리컨츠의 핵심 가치는 윤활유였다. 윤활유란 어떤 기능을 하는가? 이것이 세계관 개발을 위한 첫 질문이었다. 기술이라는 관점으로 보면 복잡한 정보를 이해해야겠지만, 우리는 임직원과 함께한 워크숍에서 '마찰력을 줄여 추진력을 더하는 것'으로 윤활유를 정의했다. 세상 모든 것은 마찰력과 추진력의 싸움이다. 추진력이 마찰력을 이길 때 물체는 전진한다.

결국 SK루브리컨츠의 역할은 무엇일까? 단순히 윤활유를 생산하는 것이 아니다. 세상을 앞으로 나아가게 하는 힘이다. 이러한 세계관을 바탕으로 만들어진 이름이 '움직이게 한다'는 의미의 'SK엔무브enmove'다. 시장의 변화에 따라 사업 분야는 확장되겠지만, 세상을 앞으로 나아가게 한다는 기업의 역할은 변함이 없으리라.

최근 몇 년간 브랜딩을 하며 가장 자주 보는 문구 중 하나가 'As a service'다. As a service 앞에 여러 단어가 붙어 무궁무진하게 변주된다. PaaS는 'Platform as a service', EaaS는 'Energy as a service', FaaS는 'Factory as a service'다. 브랜드의 역할을 단편적으로 규정하지 않고, 가치 사슬의 처음부터 끝까지 포괄적으로 책임지겠다는 의미다. 완성차 브랜드가 구독 서비스를 제공하는 이유도 자동차 판매자가 아닌 'Mobility as a service'로 역할을 규정했기 때문이다.

'Brand as a service.'

당신의 브랜드가 이 세상을 어떻게 더 좋게 만들 수 있을까? 꿈을 꾸어라. 그리고 그 꿈을 실현하기 위한 도구로서 당신의 브랜드를 규정하라. 세상에 변화를 가져오고 싶다면, 먼저 스스로 변해야 한다.

지속적으로 행동하기

이상적 세상을 만드는 것은 지속적인 행동이다.
브랜드의 행동이 성장과 성공을 약속한다.
때로는 과감한 피보팅으로
브랜드의 세계관을 넓히는 것이 필요하다.

"위대한 브랜드는 하나의 이야기다. 브랜드의 행동은 그 이야기를 구성하는 챕터다." 인터브랜드 글로벌 전략 디렉터 맨프레디 리카Manfredi Ricca의 말이다.

이 말을 듣고 로버트 루이스 스티븐슨Robert Louis Stevenson의 명작 동화《보물섬》이 떠올랐다. 해안가 여인숙의 아들 짐 호킨스는 우연히 해적이 남긴 보물 지도를 얻고, 보물섬을 향해 모험을 떠난다. 차가운 바다에 빠지고, 백전노장 악당과 결투를 벌이며, 어디선가 나타난 해적들을 맞닥뜨리기도 한다. 평범한 소년에 불과했던 짐 호킨스는 수많은 사건들을 겪으면서 어느새 용감한 청년으로 성장한다. 그리고 마침내 엄청난 양의 금화를 발견한다.

어쩌면 모든 브랜드의 시작은 어리고 순진한 짐 호킨스 같을지도 모른다. 어떤 어려움이 있을지 예측할 수 없지만, 크고 작은 사건들 속에서도 꿋꿋하게 목표를 향해 전진하는 주인공. 그 사건들은 오히려 주인공을 성장시키는 기제이며, 독자들이 끝까지 책을 읽게 만드는 장치일 뿐이다.

브랜드도 그래야 한다. 목표를 향해 흔들림 없이 가야 하고, 사람들을 몰입시킬 대담한 행동들을 계속해야 한다.

이 세상을 자신의 관점으로 다시 보는 것, 브랜드가 만들어낼 이상적 세상을 그리는 것, 이를 위한 내 역할을 재정의하는 것, 모두 중요하다. 그러나 가장 중요한 단계가 남아 있다. 그 역할을 충실히 수행하는 것이다. 멈추거나 목적지를 바꾸지 말고, 주인공으로서 이야기를 계속 진행해야 한다. 기억하자. 사건이 일어나지 않는다면 이야기는 전개되지 않는다. 명확한 장기 비전과 유연한 단기 행동의 결합이 브랜드의 성공을 이끈다.

브랜딩이란 목표를 향해 가는 끝없는 여정이며, 그 목표는 이상적 세상으로의 변화다. 그러나 변화는 멋진 구호만으로 완성되지 않는다. 변화를 만드는 것은 행동이다. 세계적인 디지털 마케팅 전문 기업 허브스팟의 CEO 브라이언 핼리건Brian Halligan은 "혁신이란 무엇인가? 미래를 상상하고 현실과의 갭을 메우는 것"이라고 정의한 바 있다. 상상, 그보다 중요한 것이 한 발 한발 충실히 갭을 메워 나가는 행동이다.

행동 그리고 변화. 이것이 브랜드 스토리, 브랜드 아이덴티티, 브랜드 철학 등 브랜드와 관련된 여러 개념들과 브랜드 세계관을 구분 짓는 가장 큰 특징이다. 브랜드 세계관은 명문화되어 벽에 붙어 있는 글귀가 아니라, 행동에 의해 계속 확장된다.

계속하는 것의
힘

계속하는 것의 힘을 잘 보여주는 사례가 한국 관광 브랜드 'Imagine your Korea'다. 브랜드가 발표된 2014년은 한류 문화가 급속하게 팽창하면서 한국을 방문하는 관광객이 큰 폭으로 증가하던 시기였다. 달라진 대한민국을 표현해줄 새로운 관광 브랜드가 필요했다.

이를 위해서는 먼저 한국을 대표하는 한마디를 찾아야 했다. 한국 방문객들을 대상으로 다음과 같은 질문을 던졌다. "한국을 방문하는 이유는 무엇입니까? 한국에서 기대하는 것은 무엇입니까? 한국에서 가장 인상적인 경험은 무엇이었습니까?"

답변은 흥미로웠다. 랜드마크 방문과 문화 체험 등의 예상 가능한 대답들도 있었으나, 그것이 끝이 아니었다. 홀로그램 콘서트, 안전한 자전거 라이딩, 24시간 배달되는 음식, 동대문 쇼핑, 한강 치맥, 야간 스키…… 예상을 뛰어넘는 다양한 대답들이 있었다. 모두가 각자의 이유로 찾아오는 한국, 모두가 나름의 이유로 행복했던 한국, 한국은 한마디로 정의할 수 없는 관광지였다.

그렇게 "당신이 기대하는 당신만의 대한민국. 그것이 무엇이든, 모든 상상은 이루어집니다"라는 의미를 담아 Imagine your Korea가 탄생하게 되었다. Imagine이라는 단어는 무한한 변주가 가능하고, 모든 이야기를 품을 수 있으며, 호기심을 자극하고, 대부분의 문화권에서 긍정적으로 쓰이는 단어다.

소중한 세금으로 집행되는 공공 브랜드 개발은 비판받을 각오를 하고 시작한다. Imagine your Korea도 그러했다. 문법에 오류가 있다는 비판부터, 전달하고자 하는 메시지가 없다는 혹평도 받았다. 그러나 지금 Imagine your Korea는 초기의 비판을 잠재우고 대한민국을 대표하는 브랜드로 성장했다. 프로젝트 진행 당시 연 1천만 명 수준이었던 외국인 관광객은 어느덧 연 3천만 명을 목표로 하고 있다. 물론 이와 같은 성장은 대한민국 문화산업의 성장과 궤를 같이하지만, 그 중심에 있는 브랜드의 역할도 적지 않다.

탄생부터 지금까지 Imagine your Korea 브랜드를 지켜본 입장에서, 온오프라인을 망라하는 일관된 활동들을 꿋꿋하게 해온 것이 브랜드의 성공 요인이라고 믿는다. 모든 활동의 중심에 '상상이 이루어지는 곳'이라는 세계관이 있음은 물론이다.

Imagine your Korea는 Feel the Rhythm of Korea(필 더 리듬 오브 코리아), Challenge Korea(챌린지 코리아), Kingdom Friends(킹덤 프렌즈) 등 '상상'이라는 세계관 아래 다양한 서브 주제들을 만들고, 이를 유쾌한 스토리텔링으로 풀어내고 있다. 그중에서도 'Feel the Rhythm of Korea' 시리즈는 공공 브랜드가 달성하기 힘든 팬덤과 화제성을 만들어냈다. 수천만 뷰를 넘어 수억 뷰를 달성한 유튜브 캠페인도 적지 않다.

대한민국 구석구석을 소개하고 다양한 국내 브랜드들과 협업하며, 단순한 관광 촉진을 넘어 생활 문화 한류를 개척하고 있는 Imagine your Korea. 이제 Imagine your Korea는 독자적인 톤 앤 매너를 가진 큰 세계관으로 발전했다고 해도 과언이 아니다.

사실 나는 Korea Sparkling, Korea be inspired 등 이전 관광 브랜드의 개발 과정에도 직간접적으로 참여했었다. 하지만 존재감 없이 있다가 아무도 모르게 사라진 이 브랜드들을 기억하는 사람들은 많지 않을 것이다. 이 브랜드들은 공공재에 부착된 슬로건 정도의 소극적인 역할을 했을 뿐이다. 그러나 그마저도 꾸준히 활용하지 못해 의미 있는 행동으로 이어지지는 못했다.

챕터를 넘기는
피보팅

꾸준하고 진정성 있는 행동이 가장 중요하다. 그러나 잔잔한 이야기만으로는 이야기의 챕터가 바뀌지 않는다. 임팩트 있는 사건이 있어야 다음 챕터로 넘어가듯, 가끔은 과감하고 비약적인 도전도 필요하다. 그러한 행동들이 브랜드의 존재감을 각인하고, 세상의 변화에 영감을 준다. 임팩트가 클수록 이야기는 흥미로워진다. 나만의 이야기를 계속해 나가면서, 그 이야기에 많은 사람들을 동참시켜야 한다.

　브랜드의 챕터를 넘기는 과감한 행동, '비즈니스 피보팅'이 그 해답이 될 수 있다. 보통은 핵심 가치를 기준으로 사업을 확장하는 것을 피보팅이라고 한다. 그러나 나는 피보팅을 '세계관의 확장'이라고 말하고 싶다. 브랜드를 둘러싼 세계가 점점 더 커지고 깊어지는 것, 그것이 진정한 피보팅이다.

세계관이 처음이자 끝인 브랜드가 있다. 바로 종교다. 종교는 수천 년간 어떻게 세계관을 정교화하여 더 많은 사람들을 설득할 것인가에 몰두해왔다. 그중에서도 불교는 참 놀라운 일을 해냈다. 불교 신자가 아닌 사람, 심지어 타 종교를 갖고 있는 사람들까지 사찰에 머무는 문화를 만들어낸 것이다. 템플스테이다. 2002년 한일월드컵을 계기로 처음 시작된 이래 지금까지 무려 6백만 명 넘는 사람들이 템플스테이를 경험했다.

　불교는 본래 절대자에 의한 구원의 세계관을 갖고 있지 않다. 스스로의 깨달음, 내면의 평화와 조화, 자비와 포용을 중시하는 세계관이다. 이런 세계관이 몸과 마음의 쉼이 필요한 6백만 명의 사람들을 끌어당겼는지도 모르겠다. 템플스테이는 단순한 숙박이 아니다. 사찰의 고요함 속에서 수행자의 일상을 경험하는 세계 유일의 프로그램이다. 2009년 OECD 관광 보고

서에서 전 세계 가장 성공적인 5대 문화 콘텐츠 중 하나로 꼽았을 만큼 템플스테이는 한국을 대표하는 관광 브랜드로 자리 잡았다.

템플스테이의 성공에 자극받은 타 종교에서도 비슷한 프로그램을 기획했지만, 아직 불교처럼 종교를 초월한 문화를 만들어내지는 못했다. 왜일까? 타 종교는 템플스테이를 '공간'의 개념으로 보았다. 그러나 템플스테이가 성공한 이유는 산속에 있는 사찰이라는 공간 때문만은 아니다. 불교의 세계관을 공간으로 확장한 것이 핵심 요인이다. 결국, 세계관의 확장이다.

모든 브랜드는 지속 발전되어야 한다. 이를 위해 계속 행동해야 한다. 그리고 그 행동은 반드시 세계관 안에서 이루어져야 한다. 이것이 목적지의 수정 없이 보물섬을 향해 나아가는 주인공다운 모습이며, 세상에 긍정적 변화를 일으키는 유일한 길이다.

브랜드 세계관은 그럴듯한 언어유희가 아니다. 견고한 믿음이다. 그러나 견고한 믿음이 전부가 아니다. 행동이다.

'무엇을 대표하는가?'만으로는 충분치 않다. 진실로 중요한 것은 '어디로 가는가?'다.

강력한 세계관을
만들고 싶다면

세계관은 완성형이 아니라 진행형이다.
단순한 세계관이 지속 발전될 수 있다.
보편적 메시지를 담아, 삶의 관점에서 전달해야 한다.

아담과 이브가 에덴동산에서 평화롭게 살았다. 뱀의 유혹에 빠져 금
단의 선악과를 따먹고 추방되었다. 그로부터 인류가 시작되었다.

따지고 보면 이 이야기는 이스라엘 민족의 기원 신화다. 기원
신화라면 이스라엘뿐 아니라 대부분의 민족이 이미 갖고 있다.
그런데 왜 수많은 기원신화 중 오직 아담과 이브 이야기만이

3천 년 넘게 계속해서 이야기될까?

구약성경의 권위자인 주원준 박사는 그 이유를 세 가지로 설명한다(이 해석은 종교적 믿음을 전제로 하지 않는다는 것을 우선 밝힌다).

첫째, 단순하고 소박하다. 등장인물이 단 넷에 불과하다. 신, 아담, 이브, 그리고 뱀. 그러므로 이야기의 구조도 아주 단순하다. 전달 과정에서 이야기의 디테일이 달라질 요소가 별로 없다. 이에 반해, 다른 민족들의 기원 신화는 휘황찬란하다. 반신적인 영웅, 괴수, 초인들이 떼로 나온다. 아담과 이브 신화가 휴먼 드라마라면, 다른 기원 신화들은 슈퍼히어로가 가득한 마블 영화다.

둘째, 메시지가 보편적이다. 보통 기원 신화는 "우리 민족이 어디에서 왔으며, 왜 특별한가?"를 이야기한다. 그러나 아담과 이브 이야기가 전달하는 메시지는 다르다. "인간은 신이 아니며, 우리 모두는 똑같이 죄인의 자손이다. 즉, 인간은 모두 평등하다"가 핵심이다. 그 옛날 이스라엘 어느 지역에서 탄생한 이야기지만, 오늘을 살아가는 우리도 공감할 수 있는 메시지다.

셋째, 백성의 관점에서 쓰였다. 일반적인 기원 신화는 "왕족은 하늘에서 내려온 신의 자손이므로, 백성들을 다스리는 것이 당연하다"는 정당성을 주장한다. 그러나 아담과 이브 이야기는 일을 하고 아기를 낳으며 평범하게 사는, 힘들고 고통받는 일반인의 관점에서 쓰였다.

이해하기 쉬운 단순한 구조, 시공간을 넘어 공감할 수 있는 보편적 메시지, 제작자가 아닌 수용자의 관점. 이것은 아담과 이브 신화가 화려한 기원 신화들을 이기고 3천 년을 살아남은 비결인 동시에, 지금의 브랜드들이 기억해야 할 세계관의 조건이다.

단순하게, 보편적으로, 삶으로부터

브랜드 세계관의 개념을 오해해서 소설에 가까운 이야기를 창작하는 경우를 종종 본다. 그러면 누가 그 세계관에 공감할까? 고객은 둘째 치고, 기업 내부에서라도 과연 담당 부서를 제외하면 세계관에 공감하는 직원이 있기는 할까?

몇 년 전, 한 외국 기업의 한국 오피스를 방문했다. 독특한 브랜드 철학으로 꽤 유명한 곳이었다. 명성에 걸맞게 브랜드 비전, 미션, 핵심 가치, 행동 강령 등 브랜드 가치 체계가 건물 로비의 한쪽 벽을 다 채울 정도로 길게 새겨져 있었다. 번역의 뉘

앙스 차이를 우려했는지 모두 영어 원문 그대로였다. 한 줄 한 줄 읽어 내려가다가 눈에 걸리는 단어를 발견했다. 오자였다. 담당 직원에게 물어보니 이 내용들은 1년이 넘게 그 자리에 있었다고 한다. 그러나 오자를 발견한 사람은 내가 처음이었다. 그동안 아무도 읽지 않았던 것이다.

길고 복잡한 것을 좋아하는 사람은 없다. 우리 모두 단순하고 쉬운 것을 좋아하면서도, 무언가를 만들어낼 때는 자꾸 길고 어려워진다. 1년 동안 아무에게도 읽히지 않은, 그저 벽의 인테리어로만 존재했던 어느 기업의 브랜드 가치 체계처럼.

그렇다면 사람들의 마음을 사로잡는 강력한 세계관을 만들려면 어떻게 해야 할까? 세 가지 조건을 살펴보자.

1. 단순한 세계관

아무리 복잡한 그림이라도 하나의 점에서 시작한다. 점이 모여 선이 되고, 선이 모여 그림이 된다. 세계관을 만드는 것은 그림의 첫 점을 찍는 일이다. 처음부터 완벽한 그림을 완성해야 하는 것은 아니다. 세계관은 창작의 결과가 아니라, 신념과 실행의 과정이다. 해피엔딩으로 끝나는 소설이 아니라, 함께 현실로 만들어야 하는 오픈엔딩의 다큐멘터리다.

2. 보편적인 메시지가 담긴 세계관

'보편적'이라는 말은 '모든 것에 두루 미치거나 통한다'는 뜻이다. 그런 메시지를 만들려면 인간에 대한 깊은 이해가 선행되어야 한다. 제품과 서비스를 연구하는 것처럼 우리 브랜드가 함께할 '삶'을 연구해야 한다.

> 픽사에서 일하는 내내 나의 가장 중요한 화두는 가능한 많은 이의 마음을 사로잡는 스토리였다. 이런 스토리 제작은 어떻게 해야 할까? 바로 보편적 주제가 답이다.

픽사의 스토리 크리에이터 매튜 룬Matthew Luhn이 《픽사 스토리텔링》에서 한 말이다. 그는 성별, 나이, 문화를 초월해 유대감을 형성하는 보편적인 주제로 '사랑과 소속감, 안전과 안정, 자유와 자발성, 권력과 책임, 즐거움과 재미, 인식과 이해'라는 여섯 가지 주제를 꼽았다.

3. 기업이 아닌, 사람들의 삶이 중심이 된 세계관

브랜드가 만들어갈 세상의 궁극적인 가치는 사람들에게서 나와야 한다. 매출, 영업이익, 업계 순위 등은 경영진의 목표다. 브랜드의 목표가 될 수 없다. 브랜드의 관점은 언제나 사람에게 있어야 한다. 그래야 사람들의 공감과 동참을 이끌어낼 수 있다.

- 행복한 삶이 깃드는 행복한 자연 — 부탄
- 여행은 낯설고 설레는 이야기 — 아난티
- 누구나 간편하게 책을 읽는 세상 — 펭귄북스
- 모두가 골프를 즐길 수 있는 세상 — 골프존
- 담배 연기 없는 세상 — 필립모리스
- 사찰의 고요함 속에서 경험하는 평화 — 템플스테이
- 이음새 없이 부드럽게 연결되는 이동 생활 — 투루
- 공평하게 에너지를 사용하는 세계 — 에퀴노르
- 앞으로 나아가게 하는 힘 — SK엔무브
- 방문객들의 상상이 실현되는 대한민국 — Imagine your Korea
- 모든 인간이 평등한 세상 — 아담과 이브 기원 신화

앞에서 사례로 든 브랜드들의 세계관이다. 단순하고, 보편적이며, 사람들의 관점으로 만들어지지 않았는가?

세계관. 지금의 세상을

나만의 관점으로 정의하고,

이상적 세상을 그리고,

그 세상을 이루기 위한 내 역할을 재정의하며,

이를 위해 끊임없이 행동하는 것.

세계관은 관점, 목표, 역할,

행동을 모두 포괄하는

현재진행형 생물임을 잊지 말자.

Part 2

브랜드,

$\longrightarrow$ 세계관의
주인공이
되다

브랜드는 브랜드 세계관의 주인공이다.
그러므로 자신만의 매력으로 사람들을 세계관 안에 초대할 수 있어야 한다.
무엇이 브랜드를 매력적으로 만드는지 알아본다.

매력의 탑노트
주목하게
만드는 매력
: 선명한 오감

매력의 미들노트
브랜드만의
본질적 매력
: 나다움, 진정성, 세밀함, 유연함, 철학

매력의 베이스노트
일상에 스며들어 지속되는 매력
: 생동감, 의외성

세계관의 주인공, 브랜드는 누구인가?

→ 브랜드의 중심 개념이 what에서 why로, why에서 who로 변화했다.
→ 브랜드 세계관 속 브랜드는 자유의지를 가진 인격체와 다름없다.
→ 브랜드가 인격체라면 어떤 인물일지 생각해보는 브랜드적 사고가 필요하다.

"오늘의 가장 위대한 브랜드들은 제품을 만들게 된 '활동가'들이다. 본질은 제품이 아니라, 그들이 어떻게 활동하는가다." 마케팅학자 아메리쿠스 리드 2세Americus Reed II는 지금의 브랜드를 이렇게 정의한다. 브랜드가 자유의지를 가진 인격체와 다름없다는 뜻이다.

인물, 사건, 배경. 국어 시간에 배웠던 이야기의 3요소를 세계관의 관점에서 해석해보자.

- 배경 – 브랜드가 존재하는 지금의 세상, 브랜드가 만들어갈
  이상적 세상
- 사건 – 이상적 세상을 만들기 위한 브랜드의 모든 행동
- 인물 – 브랜드 그 자체

결국, 배경과 사건은 인물이 의미 있게 존재하기 위한 장치다. 세계관에서 가장 중요한 요소는 인물, 즉 브랜드다. 브랜드는 이야기를 이끌어가는 주체이며, 의미 있는 변화의 창조자다.

그 어느 때보다도 사람들은 브랜드를 주시한다. 코로나로 패닉에 빠진 인류를 어떤 방법으로 구하는가? 러시아–우크라이나 전쟁에서 누구 편을 드는가? 기후 위기에 얼마나 진정성 있게 대처하는가? 사람들은 브랜드가 올바르게 행동하기를 바란다. 브랜드를 단순히 제품을 만들고 서비스를 제공하는 무형의 객체로 규정하면 안 되는 이유가 여기에 있다.

what에서 why로,
why에서 who로

what은 한때 브랜드의 가장 중요한 어젠다였다. 어떤 가치가 있는가, 이것이 what이다. 세상이 지금처럼 브랜드로 가득 차지 않았던 시절에는 분명 what이 중요했다. 모두가 기능적 가치를 이야기할 때 감성적 가치를 언급하는 것만으로도 한발 앞선 브랜드로 인정받았다. 아주 오랫동안 what의 시대였다. 브랜드는 단지 도구일 뿐이었다.

그리고 어느 날 why의 시대가 찾아왔다. 브랜드에게 존재의 이유를 묻기 시작했다. 그들의 철학이 무엇인지를 궁금해했다. 브랜드가 창출하는 사회적 영향력을 인식하게 되면서부터다. 사람들의 라이프스타일은 이미 브랜드의 방향성에 따라 좌우되고 있었다. 삶의 도구를 넘어, 브랜드는 훨씬 더 중요한 존재가 되었다.

what에서 why로의 진화는 코페르니쿠스의 지동설만큼이나 브랜드를 바라보는 모두의 관점을 바꾸었다. why의 시대는 영원할 것 같았다.

그런데 놀랍게도, 다시 브랜드의 어젠다는 바뀌었다. why가 아닌 who로.

이제 브랜드는 서로 영향을 주고받으며 우리와 함께 살아가는 동반자가 되었다. 우리가 브랜드에게 "너는 도대체 누구냐, 너의 진심이 무엇이냐?"고 묻는 이유다. 더 많은 덕목을 갖출 것을, 더 좋은 구성원이 될 것을 요구한다. 그래야 비로소 함께 살아갈 자격이 있는 것처럼.

what에서 why로의 전환은 느렸지만, why에서 who로의 전환은 빠르게 이루어졌다. 브랜드를 객체가 아닌 주체로서, 살아 있는 유기체로서 생각하자는 것이 why에서 who로 전환의 핵심이다.

무작위 패턴에서 익숙한 형태를 찾으려고 하는 행동 양식을 파레이돌리아 현상이라고 한다. 구름이 하트처럼 보인다거나, 단풍잎이 손바닥처럼 보이는 것이 그 예다. 모르는 정보를 아는 정보로 치환해 쉽게 기억하려는 뇌의 영리한 행동이다. 그런데 수많은 형태 중에서도 우리가 가장 많이 떠올리는 것은 사람의 얼굴이다. 피어오르는 연기에서도, 자동차의 앞모습에서도, 오징어땅콩의 패턴에서도, 우리는 어쩔 수 없이 사람의 얼굴을 찾는다. 그런 우리에게 브랜드의 의미가 what을 넘어 why로, 마침내 who로 변하는 것은 당연하다.

당신의 브랜드가
사람이라면

대학생들에게 브랜드란 무엇인지를 묻자 이런 답변을 받았다.

> "브랜드란 본질에 충실한 하나의 인격체입니다. 시나리오나 극본을 쓰는 것처럼 가상의 인격체를 고유의 성향, 사상, 철학, 배경 등을 바탕으로 정의 내리고 이야기를 써가는 것입니다."
>
> - Jiwon

> "브랜드는 사람이라고 생각합니다. 사람처럼 꾸준히 노력하고 발전하고 변화해야 합니다."
>
> - Eujin

이미 우리는 브랜드를 사람으로 정의하는 것에 익숙하다. 대학생만 그런 건 아니다. 기업의 임직원들과 워크숍을 진행할 때도 "우리 브랜드가 어떻게 변하기를 원하십니까?" 같은 질문을 던지면 의견 교환이 활발하게 이루어지지 않는다. 그런데 "우리 브랜드가 사람이라면, MBTI는 무엇일까요? 어떤 MBTI로 바뀌어야 할까요?" 등으로 질문을 바꿔보면 꽤 흥미로운 답변을

들을 수 있다.

브랜드를 사람으로 정의하는 것은 1997년 스티브 잡스가 'Think different'를 발표하던 시점으로 거슬러 올라간다. 스티브 잡스는 애플을 이렇게 소개한다.

> "간디, 아문센, 마틴 루터 킹. 정해진 세상을 거부했던 사람들, 그들의 시대에 컴퓨터가 있었다면 그들은 어떤 브랜드를 선택했을까? 애플이다. 미친 자들에게 바친다. 부적응자, 반항아, 문제아, 네모난 구멍에 박힌 둥근 말뚝들, 뭐든 다르게 생각하는 사람들, 규칙을 좋아하지 않는 사람들, 현실에 대한 존중이 없는 사람들, 다르게 생각하는 사람들. 우리는 그들과 함께한다."

이 시대를 살아가는 사람들은 스스로를 브랜드로 여겨야 한다. 그러나 브랜드는 스스로를 사람으로 여겨야 한다. 진실된 마음과, 굴하지 않는 의지와, 매력적인 성격을 지닌.

당신의 브랜드는 어떤 사람인가? 어떤 사람으로 세상을 살고 싶은가? 과연 당신의 브랜드가 어떤 사람이어야 오래도록 사랑받고 영향력 있는 존재가 될 수 있을까?

이제 브랜드는

서로 영향을 주고받으며

우리와 함께 살아가는 동반자가 되었다.

우리가 브랜드에게

"너는 도대체 누구냐, 너의 진심이 무엇이냐?"고

묻는 이유다. 더 많은 덕목을 갖출 것을,

더 좋은 구성원이 될 것을 요구한다.

그래야 비로소 함께 살아갈

자격이 있는 것처럼.

매력적인
페르소나, 그 대단한 힘

→ 고객은 나의 세계관에 동의하는 동료다.
　동료가 많아질수록 세계관은 탄탄해진다.
→ 사람들을 설득하고, 공감하게 하고,
　내 편으로 만드는 힘이 매력이다.
→ 매력적인 브랜드란 곧,
　매력적인 브랜드 페르소나를 지녔다는 뜻이다.

"너, 내 동료가 돼라!"

　대모험극 애니메이션 〈원피스〉에 등장하는 대사다. 해적왕
이라는 꿈을 갖고 있는 루피는 마음이 맞고 능력이 있는 사람을
만나면 용감하게 이 말을 던진다. 루피의 프러포즈에 응한 사
람들은 기꺼이 루피의 꿈에 합승한다. 거친 파도를 넘고 태풍을
이기며 그들은 그렇게 해적왕이라는 꿈을 향해 나아간다.

지금의 브랜드들은 루피와 같다. 끊임없이 사람들을 향해 말을 건다. 내 동료가 되어, 함께 세상의 변화를 만들어가자고.

브랜드와 고객의 관계를 어떻게 정의하는가? 제품을 구매하고 사용하는 사람이 고객인가? 이 시대 브랜드들은 고객과의 관계를 이렇게 정의하면 안 된다. 고객이 늘어난다는 것은 나를 선택한 소비자가 한 명 늘어나는 것이 아니다. 내가 꿈꾸는 세상에 동의하는 동료가 한 명 늘어나는 것이다. 동료가 늘어날수록 브랜드가 꿈꾸는 세상은 가까워진다. 아무리 훌륭한 꿈도 혼자서는 이룰 수 없다. 반드시 그것을 함께 이루어갈 사람들이 필요하다.

브랜드가
변곡점을 지나려면

오랫동안 브랜딩 업무를 해오면서 브랜드가 일으키는 세상의 변화를 참 많이 겪었다. 이상하게도 변화는 천천히 우상향하지 않는다. 차츰차츰 높아진 물의 온도는 끓는점을 지나면 완전히 다른 성질로 변한다. 그 끓는점이 바로 전략적 변곡점이다. 변곡점을 지나면 가속도가 붙는 것이 변화의 이치다.

전략적 변곡점은 경쟁 방식이 옛것에서 새것으로 전환되며 힘의 균형이 이동하는 때를 말한다. 변곡점에 이르기 전에는 모든 것이 예전과 다를 바 없지만, 그것을 지나면 전혀 새로운 양상이 펼쳐진다. 인텔의 CEO였던 앤드루 그로브Andrew Grove가 말한 개념이다.

브랜드에게 전략적 변곡점은 유의미한 수의 사람들이 동참하게 되는 시점이다. 주변 사람들이 모두 카카오톡을 이용하니 나도 카카오톡을 다운받고, 전기자동차를 타는 사람들이 많아지니 전기자동차 충전 인프라가 곳곳에 깔리게 되는 시점 말이다.

세상의 모든 유행과 혁신이 이 전략적 변곡점을 건너왔다. 모든 기업들은 내 브랜드가 전략적 변곡점을 넘어 세상의 문화가 되기를 희망한다. 그러니 이를 위한 단 하나의 조건, 즉 함께하는 사람을 많이 모을 수밖에.

내 편을 만드는 힘, 매력적인 페르소나

사람을 설득하는 힘, 공감하게 만드는 힘, 그리고 마침내 내 편으로 만드는 힘. 이 시대 가장 큰 권력, 매력이다. 매력이 모든 것을 압도하는 시대다. 매출액, 영화 관객 수, 음반 판매량, 정치인의 득표수, 팔로워 수 등 전부 매력이라는 권력을 수치화한 예다.

내가 경험했던 매력적인 사람들은 대부분 좋은 사람이었다. 그런데 좋은 사람들이 다 매력적인 사람은 아니었다. 브랜드도 마찬가지다. 수없이 많은 기업과 일을 해왔다. 좋지 않은 기업이나 제품은 없었다. 그러나 매력적인 브랜드는 희소했다. 게다가 그 매력이 시간의 힘을 이겨내기는 더욱 어려웠다.

삼성은 매력적이지 않은데, 왜 애플은 매력적인가? 쿠팡은 매력적이지 않은데, 왜 아마존은 매력적인가? 안경 브랜드가 매력적일 수 있을까? 그렇다. 와비파커와 젠틀몬스터가 증명했다. 청소기 브랜드가 매력적일 수 있을까? 그렇다. 다이슨이 증명했다.

매력과 비매력의 구분은 뚜렷한 퍼스널리티의 유무에서 출발한다. "그 사람 어떤 사람이야?" 하고 누구에게 물어도 명쾌한 답이 돌아온다면 퍼스널리티가 분명한 사람이다. 매력적인 사람일 가능성도 높다. "그냥 좋은 사람이야" 정도의 답이 돌아온다면, 아마 매력적인 사람이라 평가받지는 못할 것이다.

"과학은 모든 것을 비인간으로 가정하고, 예술은 모든 것을 인간으로 상상한다." 이어령 선생의 말이다. 제품과 서비스를 개발하는 과정은 과학이다. 그러나 그 이후, 사람들과 관계를 맺고 그 관계를 유지해가는 과정은 예술이다. 모든 것을 인간의 성정으로 이해하는 예술 말이다.

브랜드 퍼스널리티를 넘어 브랜드 페르소나의 개념이 더욱 중요해지는 이유이기도 하다. 전통적인 브랜딩에서 브랜드 퍼스널리티는 스타일 규정 및 타깃 고객 정의에 활용되었던 개념이다. 퍼스널리티라는 단어 자체가 성격 또는 개성이라는 의미가 강하다.

반면, 브랜드 페르소나는 보다 더 적극적인 개념이다. 페르소나는 '오롯한 인간'이라는 뜻을 내포한다. 세상을 함께 살아가는 동반자로서, 그 브랜드는 어떤 사람인가? 이것이 브랜드 페르소나다.

봉준호 감독과 송강호 배우, 팀 버튼과 조니 뎁. 거장 반열에 오른 영화감독에게는 대개 본인의 세계관을 공유하는 배우들이 있다. 이들을 '감독의 페르소나'라고 부른다. 감독이 배우를 선택하듯, 사람들은 자신의 세계관과 닮은 브랜드를 선택한다. 그래서 브랜드는 명징한 페르소나가 되어야 한다. 브랜드는 인간을 닮아야 한다.

우리나라 대기업들의 브랜딩에서 가장 아쉬운 점이 페르소나가 뚜렷하지 않다는 것이다. 많은 기업들이 마치 우수한 신입 사원을 뽑듯 육각형 인재 강박관념에 갇혀 있다. 그렇기에 기업 브랜드를 소개하는 글도 뻔하고 비슷하다. 좀처럼 인간적 매력을 느끼지 못하니 공감과 응원을 하기 어렵다.

기존 체제에 반항하는 젊은이들이 페르소나인 슈프림, 연수입 10만 달러 이상에 콘도 회원권을 소유한 32살 여성이 페르소나인 룰루레몬. 이런 신데렐라 브랜드들의 공통점이 있다면 페르소나에 집중하는 것이다.

역사 깊은 명품 브랜드라고 예외는 아니다. 몽블랑은 자신의 헤리티지를 바탕으로 다음과 같이 페르소나를 규정했다.

몽블랑은 모던 카우보이입니다. 카우보이는 부츠를 신고, 총을 차고, 모자를 쓴 후 일하러 나가죠. 모던 카우보이도 똑같습니다. 부츠와 총 대신 몽블랑 벨트와 시계를 차고, 몽블랑 펜을 챙기고, 몽블랑 케이스를 씌운 스마트폰을 챙깁니다.

내가 진행했던 브랜딩 프로젝트 중에도 좋은 사례가 있다. 유한킴벌리에서 운영하는 육아용품 전용 직영몰 '맘큐'라는 브랜드다. 어떤 브랜드가 되기를 바라냐는 질문에 당시 유한킴벌리의 프로젝트 담당자는 이렇게 대답했다. "1년 먼저 아기를 키운

옆집 언니 같은 브랜드가 되고 싶어요. 거리감이 느껴지는 육아 전문가도 아니고, 오래전에 육아를 끝낸 친정 엄마도 아닙니다. 처음 아기를 키우다 보면 궁금한 일이 너무 많이 생기는데, 그럴 때마다 부담 없이 전화해서 물어볼 수 있는 옆집 언니가 되면 좋겠습니다." 브랜드의 페르소나를 어떻게 설정해야 하는가에 대한 완벽한 답변이다.

봉준호 감독과 송강호,

팀 버튼과 조니 뎁.

거장 반열에 오른 감독에게는 대개 본인의

세계관을 공유하는 배우들이 있다.

이들은 '감독의 페르소나'다. 감독이 배우를

선택하듯, 사람들은 자신의 세계관과

닮은 브랜드를 선택한다. 그래서 브랜드는

명징한 페르소나, 인간을 닮아야 한다.

시간을 이기는
매력의 법칙

→ 탑노트 – 주목하게 만드는 매력.
→ 미들노트 – 차별화된 본질적 매력.
→ 베이스노트 – 일상에 스며드는 은은한 매력.

단순하게 보이는 향수에는 사람을 매혹하기 위한 치밀한 전략이 숨어 있다. 탑노트, 미들노트, 베이스노트가 그것이다. 탑노트는 가장 먼저 느껴지는 향기다. 사람들은 보통 탑노트의 향기에 반해 향수를 구매한다. 그러나 탑노트의 향기가 지속되는 시간은 겨우 30분, 강한 인상을 남겨 사람들의 주목을 끌면 탑노트의 역할은 끝이다. 청량한 허브, 상큼한 시트러스 향료가 주로 사용된다.

탑노트가 사라진 후, 비로소 향수의 본질적인 향기가 전개된다. 미들노트다. 조향사가 의도한 향수의 주제가 여기에 담겨 있어, 향수의 아이덴티티라고 불린다. 꽃향기처럼 이미지가 명확한 향료들이 필요하다.

마지막으로 전개되는 것이 베이스노트다. 라스트노트, 우리말로 잔향이라고 한다. 오랜 시간 은은하게 남아야 해서, 묵직한 우드나 머스크 등의 향료들이 사용된다.

이렇듯, 한 방울의 향수에도 레이어드된 매력이 숨어 있다. 한두 가지 매력만으로는 매혹적인 향수로 자리매김할 수 없다. 신선한 탑노트, 차별화된 미들노트, 깊이 있는 베이스노트가 어우러질 때 시간을 이기는 향수의 매력이 완성된다.

시간을 이기는
매력을 설계하다

브랜드는 어떨까? 탑노트만 요란한 브랜드들이 있다. 시장의 주목을 끌 수는 있지만, 오래 살아남기 어렵다. 신선함에서 오는 화제성은 금세 휘발되기 마련이다. 첫인상에 호감을 느껴 구매했으나 기대에 미치지 못하면 재구매는 이루어지지 않는다. 탑노트에서 이끌어낸 호기심이 미들노트의 충실함으로 연결되어야 한다.

반대로, 미들노트는 훌륭하지만 탑노트가 약한 브랜드들이 있다. 알고 보면 좋은 브랜드지만 여간해서 주목받지 못한다. 불행하게도 첫 만남에 주목할 만한 인상을 남기지 못하는 브랜드에게 그다음 기회는 없다.

탑노트와 미들노트는 좋지만 베이스노트가 약한 브랜드들이 있다. 좋은 브랜드지만 오래도록 함께해야 하는 이유를 주지 못한다. 일상에 스며들지 못한다는 뜻이다. 그러므로 이런 브랜드들도 지속 가능하지 않다. 베이스노트만 좋은 브랜드? 애초에 존재할 수 없다.

탑노트의 매력으로 주목받고, 미들노트의 매력으로 만족감을 주며, 베이스노트의 매력으로 관계를 유지하는 것. 이것이 브랜드를 설계하는 사람들이 기억해야 하는 매력의 법칙이다. 매력은 다층 구조다. 다층 구조를 이루는 각각의 요소들은 상황에 따라 중요성이 달라진다. 첫 만남에서 마음을 끄는 매력, 브랜드를 좋아하게 만드는 매력, 잊히지 않고 계속 관심을 갖게 하는 매력은 서로 다르다.

내 편을 만드는
가장 강력한 무기, 매력

왜 우리는 매력을 원하는가? 사람은, 그리고 브랜드는 어울려 살아가야 하는 사회적 존재이기 때문이다. 사회적 존재에게 가장 중요한 일은 내 편을 만드는 것이며, 내 편을 만드는 무기가 매력이다. 모든 것이 브랜드인 시대, 놀라운 자극이 가득한 시대, 나를 기억하게 하고 호감을 갖게 하며 마침내 내 편에 서게 만드는 매력의 힘은 그 무엇보다 중요하다.

매력을 한마디로 정의하기는 힘들다. 임윤찬도 매력적이고 뉴진스도 매력적이다. 샤넬도 매력적이고 무신사도 매력적이다. 정통성이 중요한 브랜드냐, 발랄함이 중요한 브랜드냐에 따라 더 중요하거나 덜 중요한 요소가 있을 수 있다. 또한 브랜드의 성격에 따라 다른 요소가 추가될 수 있다. 다만 분명한 것은 탑노트의 매력, 미들노트의 매력, 베이스노트의 매력은 브랜드의 성공을 위해 꼭 필요한 공통 요소라는 점이다. B2B 브랜드건 B2C 브랜드건, 럭셔리 브랜드건 매스 브랜드건 모두 마찬가지다.

그렇다면 매력적인 브랜드가 되기 위해 각 단계에서 필요한 요소는 무엇일까? 함께 그 답을 찾아가 보자.

매혹의 시작, 선명한 감각

→ 첫 만남에 존재를 각인하려면 선명한 감각을 활용하라.

→ 오감의 특징과 역할을 이해하고 설계해야 한다.

→ 대담하고 선명한 오감의 자극이 브랜드를 주목하고 기억하게 한다.

"싱겁게 맛있다? 그런 말은 없다." 식당 자영업자들을 향한 백종원 대표의 일갈이다. "달콤하게 맛있다, 매콤하게 맛있다, 짭짤하게 맛있다는 말은 자주 한다. 그런데 싱겁게 맛있다는 말을 들어보았는가? 싱거운 음식이 맛있을 수는 없다."

싱겁다는 것은 음식의 간이 부족하다는 것, 즉 선명하지 않다는 의미다. 음식과의 만남이건, 사람이나 브랜드와의 만남이

건, 모든 첫 만남은 선명해야 한다. 싱거운 맛을 기억하고 또 찾아오는 사람은 없듯이, 선명하지 않은 만남은 곧 증발한다. 보았으나 보지 않은 것, 들었으나 듣지 않은 것, 만났으나 만나지 않은 것이나 마찬가지다. 기억에 남지 않는 열 번의 만남보다, 기억에 남는 한 번의 만남이 더 의미 있다.

관심을 가질지 말지 결정하는 시간은 겨우 3초, 의미 있는 주목도 8초를 넘기지 않는다. 브랜드에게 필요한 것은 몇 초의 승부다. 단 몇 초 안에 존재를 각인해야 한다. 그렇다면, 짙은 흔적을 남기는 만남은 무엇으로 가능한가? 오감의 자극이다. 사람은 보고, 듣고, 만져보고, 냄새를 맡고, 맛을 보며 첫 정보를 얻는다.

놀랍게도 인간의 몸과 뇌는 서로 연결되어 있다. 냄새를 맡으면 후각을 담당하는 뇌 부위가 반응하고, 맛을 보면 미각을 담당하는 뇌 부위가 반응한다. 즉, 상대방 머릿속에 나를 새겨 넣기 위해 필요한 것은 나만의 명료하고 선명한 감각이다.

선명한 감각이 곧 존재감이다. 시각, 청각, 후각, 미각, 촉각은 무언가를 주목하게 만드는 시작이며, 기억하게 하는 이유다. 심연의 무의식에 가라앉아도 다시금 기억을 떠올리게 하는 실마리가 된다.

가장 가성비 높은 투자
- 시각

오감 중 가장 많은 정보를 받아들이는 것은 시각이다. 시각적 자극의 힘은 생각보다 크다. 아이돌 그룹을 구성할 때도 꼭 포함하는 멤버가 비주얼 멤버. 브랜드에게도 아이돌 그룹의 비주얼 멤버처럼 사람들의 눈을 잡아끄는 시각적 자극이 필요하다.

자신 있게 말하는데, 기획부터 커뮤니케이션에 이르는 모든 비즈니스 과정 중 가장 가성비 높은 투자는 디자인이다. 디자인은 전문가의 도움이 반드시 필요하다. 자신만의 형태, 컬러, 스타일을 소유하는 것은 무엇보다 중요하다.

2023년, 25억 3천만 달러로 로레알에 인수되며 로레알 역사상 최대 규모의 인수를 기록한 코스메틱 브랜드 이솝. 'Less is More'라는 브랜드 철학 아래 제조된 품질력은 이솝의 정체성이자 자부심이다. 그런데 사람들이 이솝에서 가장 먼저 기억하는 요소가 과연 품질일까? 사용자와 비사용자 모두를 대상으로 진행한 조사 결과, 사람들이 가장 먼저 기억하는 요소 1위는 갈색 병이었다. 사용자들만을 대상으로 조사한 결과도 역시 비슷했다. 가장 마음에 드는 요소 1위는 전체적인 이미지(50%), 2위는 디자인(34%)이었다. 성분 및 품질이라는 답변은 14%에 불과했다.

'모나미 룩'을 만들어낸 모나미, 한입 베어 물고 싶은 욕구를 일으키는 키세스 초콜릿, 갖고 다니고 싶게 만드는 탬버린즈 핸드크림, 고정관념을 깨뜨리는 특이한 콘셉트의 누데이크 케이크, 티파니블루 컬러로 존재감을 각인하는 티파니…… 제품 디자인, 로고 디자인, 패키지, 컬러, 공간 디자인에 이르기까지 시각적 자산만으로 아이콘이 된 브랜드는 무궁무진하다.

브랜드 세계관이 디자인을 규정하는 것이 아니라, 유명해진 디자인이 브랜드 세계관을 정의하기도 한다. 크래프트의 토블론 초콜릿이 그 예다. 삼각형 형태로 유명한 토블론은 삼각형의 의미를 재정의하며 세계관과 페르소나를 만들어가고 있다. 'Be More Triangle', 둥글둥글 살지 마라, 개성을 잃지 말고 독창적으로 살아라. 토블론의 삼각형이 전하는 메시지다.

인증샷 문화가 자리 잡으면서 시각적 자극의 중요성은 더욱 커졌다. 일단 사진에 찍혀야 한다. 그 사진을 공유할지 말지는 오로지 시각적 매력만으로 결정된다. 최근 맥도날드가 스페셜티 커피 프랜차이즈 코스맥스CosMc's를 론칭하면서 가장 중요하게 생각했던 전략은 무엇이었을까? 인스타그램에서 눈에 띌 수 있는 음료와 캐릭터를 개발하는 것이었다. 이를 위해 최대한 화려하고 색다른 메뉴들을 개발하고, 독특한 캐릭터들의 서사를 만들어냈다.

맥도날드는 일찍부터 식품산업에서의 성공 요인은 맛이 전부가 아니라는 것을 증명한 브랜드다. 1955년 일리노이에 1호점을 낸 이후, 그들은 규모의 네트워크를 활용해 업계의 리더가 되었다. 이제 맥도날드의 코스맥스는 시각적 매력의 힘을 빌려 매장들끼리의 네트워크가 아닌 고객들과의 네트워크를 시도하고 있다.

마음을 움직이는 숨은 힘
- 청각

청각을 활용한 브랜딩으로 광고의 '징글Jingle(브랜드를 각인하기 위한 짧은 멜로디)'을 생각하기 쉽다. 그러나 브랜드와 함께 존재하는 청각적 요소들은 생각보다 많다. 차 문을 열고 닫는 소리, 휴대폰이 켜질 때 나는 소리, 매장에서의 소음, 광고에 사용되는 음악 모두 이에 포함된다. 우리가 게임에 몇 시간씩 몰입할 수 있는 이유 또한 시각뿐 아니라 청각이 만드는 흥분 덕분이다.

사람에게 청각은 어떤 의미일까? 사람은 본능적으로 소리를 듣고 대상을 유추한다. 낯선 사람에게 걸려 온 전화를 상기해보자. 부드러운 목소리를 들으면 온화한 이미지의 사람을 상상하고, 거친 목소리를 들으면 위협적인 이미지의 사람을 상상한다. 이를 사운드 심볼리즘Sound Symbolism이라고 한다.

대표적인 연구 사례가 '부바-키키 효과'다. 둥글둥글한 모습의 캐릭터와 뾰족뾰족한 모습의 캐릭터를 두고 누가 부바고 누가 키키인지 물어보았다. 결과는 당신이 예측한 대로다. 문화 및 연령과 관계없이 부바라는 이름의 주인으로 둥글둥글한 캐릭터를, 키키라는 이름의 주인으로 뾰족뾰족한 캐릭터를 지목했다.

나도 비슷한 경험을 한 적이 있다. 원주에 위치한 미술관, '뮤지엄 산'의 네이밍을 할 때였다. '산'이라는 말이 외국인들에게 어떻게 느껴지는지 물어봤다. 결과는 흥미로웠다. 무슨 뜻인지는 모르겠지만, '산'이란 단어를 불러보면 고요하고 평화로운 감정이 느껴진다는 반응이었다. 동서양, 남녀노소 구분 없이 같은 의견이었다.

동양철학에는 이 모든 현상을 설명하는 '영동력'이라는 개념이 있다. 소리는 영혼을 움직이는 힘이 있다는 뜻이다. 그래서일까? 심리학자 프로이트는 과학으로 분석할 수 없는 대상에 조종당하는 기분이 싫다며 음악을 싫어했다.

우리 브랜드가 사람이라면 부바인가, 키키인가? 사람들의 마음을 움직이는 숨은 힘은, 바로 소리다.

감정은 기억된다
- 후각

온라인 커뮤니티에 가끔 올라오는 질문이 있다. "집이 안 팔려서 고민이에요. 집을 빨리 팔리게 하는 비법이 있나요?" 이 질문에 가장 많은 추천을 받은 답변은 다음과 같다. "부동산에서 집을 보러 오는 시간에 맞춰서 커피를 내리거나 빵을 구우세요." 이 문답을 보고 있으니, 파트리크 쥐스킨트Patrick Suskind의 소설 《향수》에 나오는 구절이 생각난다. 향기는 말이나 외모, 감정이나 의지보다 더 큰 설득의 힘을 가지고 있어서, 그 힘은 결코 막을 수 없다는 대목이다.

후각의 본질적 역할은 사물에 접근할지 말지를 결정해주는 것이다. 접근해도 되는 것에는 좋은 냄새가 나고, 피해야 하는 것에는 역한 냄새가 난다. 사람은 좋은 냄새가 나는 것에 끌리도록 설계되었다. 그래야만 생존할 수 있다. 그래서 후각은 가장 본능적인 커뮤니케이션 수단이다.

이런 까닭에 후각을 활용한 브랜딩은 역사가 깊다. 최근에는 예상하지 못한 분야에서도 후각 자극이 적극 활용되고 있는데, 그중 하나가 케이팝 콘서트다. 시초는 콘셉트돌로 유명한 빅스였다.

2018년 '빅스의 향Eau de VIXX'이라는 주제의 콘서트 현장, 6명 멤버들의 이미지에 맞는 향을 선정하고 콘서트장을 그들만의 향기로 가득 채웠다. 빅스의 팬인 나도 그 자리에 있었다. 시각적 자극과 청각적 자극의 전쟁터에 후각이라는 무기를 더한 콘서트는 강렬함 그 자체였다. 감각의 멀티 모달, 2개 이상의 감각이 상호작용할 때 자극은 증폭된다. 이후 향기는 케이팝 아티스트들의 또 다른 정체성으로 자리 잡았다. 콘서트의 콘셉트를 상징하는 향기를 세심하게 창조하고, 이를 활용한 다양한 마케팅을 시도한다. 향기는 콘서트와 팀의 매력을 더하고, 아티스트와 팬이 같은 취향으로 연결되어 있음을 느끼게 한다.

브랜딩에서 후각이 중요한 이유는 또 있다. "향기는 많은 감정을 유발하는 매혹적인 존재다." 특유의 향으로 유명한 니치 향수 브랜드, 바이레도의 설립자 벤 고햄Ben Gorham의 말이다. 그의 말처럼 후각은 감정을 각인한다. 기억은 잊혀도 감정은 잊히지 않는다. 냄새나 향기가 잊혔던 감정을 얼마나 강하게 끄집어내는지 다들 경험해보았을 것이다. 이것을 '프루스트Proust 현상'이라고 한다. 프랑스 작가 마르셀 프루스트Marcel Proust의 소설 《잃어버린 시간을 찾아서》에서 유래한 말이다. 주인공 마르셀은 홍차에 적신 마들렌의 냄새로 어린 시절의 추억을 회상해 낸다. 후각은 쉽게 기억되지 않지만, 일단 기억되면 그 생명력이 길다.

브랜드를 풍성하게
- 미각

얼마 전, 차별화된 비즈니스 모델로 단기간에 업계 리더가 된 유통 플랫폼 기업을 방문했다. 다른 기업들처럼 1층 로비에서 방문자 등록을 하는데, 방문증과 함께 벌꿀 스틱을 주는 것이 아닌가? 수없이 많은 기업들을 방문했지만, 웰컴 푸드는 처음이었다. 당장 뜯어 그 자리에서 맛을 보았다. 달달한 꿀맛은 꽤 자극적이었다. 그날 이후로, 그 기업을 생각할 때는 꿀맛이 함께 떠올랐다. 왜 호텔에서 꼭 웰컴 드링크를 대접하는지를 깨달을 수 있었다.

　미각은 즉각적이며 강하다. 또한 잔상이 깊게 남는 감각이다. 하지만 적극적인 행동이 선행되어야 한다. 시각, 청각, 후각의 자극과 달리 미각은 원하는 사람만 느낄 수 있는 감각이다. 그래서 다른 감각에 비해 브랜딩에서의 중요성은 높게 평가되지 않고 있다.

　그러나 잘 설계된 미각은 브랜드의 호감도를 효과적으로 높여준다. 구찌, 루이뷔통, 에르메스, 디올 등 명품 브랜드들이 운영하는 레스토랑은 예약이 어려울 정도로 인기가 높다. 굳이 레스토랑을 운영할 필요가 없는 브랜드가 왜 이런 활동을 하는 것일까? 이들이 레스토랑을 운영하는 가장 큰 목적은 브랜드 세계관을 라이프스타일로 확장하기 위함이다. 더 나아가, 이곳에서 경험한 미각적 자극은 브랜드에 대한 기억을 풍성하게 만든다.

　나는 코스메틱 브랜드 록시땅을 신선한 허브와 프랑스식 디저트로 기억한다. 도쿄 록시땅 카페에서 맛보았던 허브티와 디저트 때문이다. 록시땅의 프랑스 헤리티지와 자연에의 진정성을 미각으로 경험했다. 록시땅은 세비야 오렌지꽃에서 증류한 에센셜 오일을 비롯해 제품의 원료들을 활용한 요리를 선보이며 미각을 활용한 브랜드 세계관을 적극 펼치고 있다.

오감 가장 깊은 곳에
- 촉각

전자책은 정말 편리하다. 전자책 앱에 들어가면, 나만의 도서관처럼 온갖 책들이 구비되어 있다. 책이 상할 염려 없이 마음껏 밑줄을 긋고 메모도 할 수 있다. 편리함을 최우선으로 한다면 종이책보다 전자책이 더 좋은 선택일 것이다. 그러나 여전히 많은 사람들이 종이책을 고집하면서 전자책으로는 책 읽는 맛이 나지 않는다고 투덜댄다. 책 읽는 맛이란 무엇일까? 종이 특유의 따스한 질감, 사각사각 책 넘기는 소리, 아련한 종이 냄새…… 전자책이 종이책을 이길 수 없는 이유는 이런 감각 때문이다. 그중에서도 가장 압도적인 감각은 촉각이다.

아이폰이냐, 갤럭시냐를 결정하는 중요한 기준 중 하나도 터치감, 즉 촉각이다. 기기 안에 내재된 수만 가지 기능은 사용해야만 알 수 있다. 그러나 구매 결정 시 즉각적으로 마음을 움직이는 것은 그 기기의 촉감이다.

촉각은 가장 먼저 발달하는 감각이다. 그래서 불교 철학자 바수반두Vasubandhu는 촉각이 오감 중 가장 깊은 곳에 있다고 주장했다. 관심 있는 것을 보면 만지고 싶어지는 것은 인간의 본능이다. 만진다는 행위는 소유했다는 기분을 들게 하고, 소유했다는 기분은 애착으로 연결된다. 촉각이 가진 잠재력을 간과해서는 안 되는 이유다.

와디즈, 컬리, 무신사 등 디지털 네이티브 브랜드들이 앞다투어 오프라인에 매장을 오픈하고 있다. 왜일까? 뇌과학자 질 볼트 테일러Jill Bolt Taylor의 주장에서 그 이유를 찾을 수 있다. 그는 "우리의 뇌는 오감으로 익힌 감각을 이성으로 이해한 지식보다 더 잘 재현해낸다"고 말한다.

신기하게도 우리가 무언가를 다시 기억할 필요가 있을 때는 잊혔던 감각들이 서로 협력하여 경험했던 정보를 기억해낸다. "경험을 재구성할 때 감각은 큰 도움이 된다. 생리적 반응을 기억하는 것이 생생한 경험을 재현해내는 진정한 힘이다." 감각의 중요성을 강조하는 테일러의 주장이다.

브랜드의 본질, 나다움

→ 나다움은 브랜드를 지속하게 하는 내면의 힘이다.
→ 나답다는 것은 나만의 이야기가 있다는 뜻이다.
→ 확실한 나다움이 매력의 가장 기본적인 조건이다.

"고려 도자의 힘은 버티고 있는 힘, 외부에 나타난 힘이 아니고 내면의 힘이다." 한국 미술 사학가 우현 고유섭의 말이다. 오색 찬란한 보물들이 가득한 서울공예박물관에서 가장 큰 울림을 준 것은 벽면에 새겨져 있는 이 글귀였다.

모든 것이 그러하다. 끊임없이 외부로부터 공격받고 위협을 당하지만, 끝까지 견디는 힘은 결국 내면에서 나온다. 사람도, 기업도, 국가도 그리고 브랜드도.

　　그런데 아이러니하게도 사람들이 죽을 때까지 가장 궁금해하는 것은 "다른 사람들이 나를 어떻게 보는가? 그리고 그들은 지금 무엇을 하고 있는가?" 이 두 가지다. 많은 사람들이 SNS로 일상을 공개하고 타인의 피드를 살피며 시간을 보내는 이유다. 내가 어떤 사람인지를 외부에 물어보고, 타인의 평가에 일희일비하는 것은 기업의 브랜딩 과정에서도 흔히 볼 수 있다.

　　브랜드 리뉴얼 프로젝트를 진행할 때 가장 먼저 고객에게 묻는 질문은 "이 브랜드를 알고 있습니까? 이 브랜드에 대해 평소 어떤 이미지를 갖고 있었습니까?"다. 이어, 경쟁 브랜드로 대상을 바꾸어 똑같은 질문을 던진다. 만일 내 브랜드가 경쟁 브랜드에 비해 부정적으로 평가된다면 지금까지의 브랜드 콘셉트를 쉽게 바꾸어버린다.

　　이는 진정한 나다움, 즉 브랜드 세계관이 없기 때문이다. 그리고 내력이 없기 때문이다. 모든 브랜딩의 시작은 외력이 아닌 내력으로부터, 즉 나로부터 시작해야 한다. 나다운 전략이 조직 내부의 공감을 받을 수 있고, 내부로부터 공감받는 전략이 실행될 수 있다. 나다움 없이 대중을 좇으면 평범해진다. 평범한 브랜드는 언제든 대체된다.

가장 잘하는 사람이
가장 유명하지는 않다

오래전 파리에 있는 오랑주리 미술관에 초등학생 딸과 함께 방문했다. 이 미술관은 클로드 모네의 작품으로 유명한 곳이다. 특히 전시실 한쪽 벽을 가득 채운 수련 연작은 압권이었다. 그러나 동행했던 어린 딸은 이 작품이 왜 유명한지 도무지 이해할 수 없다는 반응이었다. 아마 어린아이의 눈에는 그다지 공들여 그린 그림으로 보이지 않았나 보다.

클로드 모네는 반 고흐, 피카소와 더불어 세계에서 가장 사랑받는 화가다. 클래식 미술계의 아이돌 군단이라 부르는 평론가들도 있다. 이들의 공통점은 무엇인가? 고흐다움, 모네다움, 피카소다움이 있다는 것이다. 그림을 발명하지는 않았지만, 그림을 그리는 새로운 방법을 발명한 화가들이다. 이들뿐만이 아니다. 우리가 이름을 알고 있는 화가들은 대부분 그들만의 화풍이 뚜렷하다. 실사와 비슷하게 그리는 것을 실력으로 여겼던 고전주의 화가들에게 감동을 느끼기는 쉽지 않다.

화가 한 명 한 명을 브랜드로 본다면, 어떤 브랜드가 사람들을 매료하는지 명확히 알 수 있다. 새로운 화풍을 개척한 브랜드, 그 화풍에 자신의 감정을 담은 브랜드, 그래서 그들다움이 확실한 브랜드. 역사에 이름을 남기는 화가는 그림을 잘 그리는 화가가 아니다. 자신만의 화풍을 개척한 화가다.

클래식 음악도 마찬가지다. 클래식 음악 분야의 스타는 역시 베토벤이다. 왜 베토벤은 클래식 음악의 원톱 브랜드가 되었을까? 감히 내가 그 이유를 논하기는 적절치 않지만, 자신 있게 이야기할 수 있는 사실 한 가지는 있다. 베토벤 이전의 음악들은 대부분 왕족이나 귀족의 요청대로 만들어진 주문 생산품이었다. 그러나 베토벤은 달랐다. 자신의 감정과 생각을 음악에 담았다. 이것은 인상주의 화가들과 베토벤의 공통점이기도 하다. 그들은 주문 생산을 하지 않았다. 그리고 싶은 것을 그리고, 작곡하고 싶은 것을 작곡했다.

어느 베테랑 연예부 기자는 신인 가수들과 인터뷰하는 것만으로도 이 가수의 성공 여부를 어느 정도 가늠할 수 있다고 말했다. 자기 음악을 자신의 언어로 설명할 수 있는가? 이것이 기준이라고 한다. 대부분의 신인 가수들은 타인이 만든 노래를 전문가의 디렉팅을 받아 부르기 마련이다. 그 음악을 얼마큼 자기 것으로 만들어내는가는 순전히 가수의 역량이며 의지다. 자기 것이 조금도 없이 그저 시키는 대로 표현하는 가수는 성공하기 어렵다.

베토벤, 클로드 모네, 그리고 케이팝 가수들. 시대와 영역은 다르지만, 스타 브랜드가 되기 위해 교차하는 지점은 같다. 결국, 핵심은 '나다움'이다.

나다움
곧 나만의 이야기

일본의 소형 가전 전문 업체 발뮤다. 지극히 일상적인 기능 중심 제품도 인상적인 브랜딩이 가능함을 증명한 브랜드다. 자연의 바람을 재현해낸 선풍기, 죽은 빵도 되살린다는 토스터······ 발뮤다는 취향 저격 디자인과 차별화된 사용 경험으로 사랑받고 있다.

그런데 발뮤다의 창업자 테라오 겐Terao Gen은 그의 자서전 《가자, 어디에도 없었던 방법으로》에서 "물건을 만드는 것 자체가 목적이 아니다"라고 말한다. 본래 록밴드의 뮤지션 출신인 그는 뮤지션이 노래하듯이, 하고 싶은 이야기를 전하기 위해 물건을 만든다고 한다. 그는 존경하는 브랜드로 애플, 버진그룹, 그리고 파타고니아를 꼽았다. 이 브랜드들을 존경하는 이유는 이루고자 하는 일을 우선으로 두고 그것을 실현하기 위해 사업이라는 수단을 선택했기 때문이다.

그리고 그는 이렇게 덧붙인다. "뮤지션들도 마찬가지다. 시장을 분석한 뒤에 어떤 사운드를 만들어낼지 고민하는 록밴드는 어디에도 없다. 이런 곡을 만들고 싶다, 노래하고 싶다는 충동이 먼저 앞서는 것이다. 그 충동을 충족하고 실현하려는 노력과 과정을 나는 예술 활동이라고 생각한다. 시장성도 고객도, 아무런 영향을 미치지 못한다." 시장의 트렌드나 잠재고객의 요구가 아닌, 하고 싶은 이야기가 발뮤다다움의 매력이 된 것은 물론이다.

나다움은 곧 아이덴티티다. 한때는 브랜드 아이덴티티를 수립하는 것이 브랜드 전략의 전부였던 시절도 있었다. 그만큼 나다움을 찾는 과정이 브랜딩의 핵심이다. 아이덴티티는 미국의 정신분석학자이자 문화인류학자인 에릭 에릭슨Erik Erikson에 의해 대중화된 용어다. 평생을 아이덴티티 연구에 헌신한 에릭슨은 아이덴티티를 정의하는 요소로 두 가지를 꼽았다. 첫째, 과거부터 지금까지 연속되는 일관성이 있을 것. 둘째, 타자가 현재와 과거의 자신을 동일한 대상으로 보고 있다는 명확한 자신감이 있을 것.

그러나 여기서 말하는 일관성이란 모든 상황에서 다 똑같아야 한다는 뜻은 아니다. 아코르 그룹의 프리미엄 호텔 컬렉션 브랜드인 엠갤러리는 서로 다른 이야기들이 모여 어떻게 하나의 나다움을 만들어내는지를 보여준다. 전 세계 100개가 넘는 호텔들이 엠갤러리라는 브랜드 산하에 있는데, 이들의 외관과 인테리어는 서로 다르다. 그럼에도 이들이 하나의 브랜드로 엮일 수 있는 이유는 동일한 세계관 때문이다.

엠갤러리의 호텔들은 그 지역의 숨겨진 이야기를 발굴하고, 이야기 속으로 사람들을 초대한다. 그래서 이들은 스스로를 이야기 큐레이터라고 소개한다. 각 호텔은 자신의 이야기를 상징하는 오브제를 선정해 방문객의 몰입을 돕는다. 옛 신문사 자리에 위치한 호텔의 오브제는 잉크이고, 프랑스 해변에 위치한 호텔의 오브제는 줄무늬 파라솔이다.

우리나라에도 엠갤러리 산하 호텔이 있다. 마포 한강 변에 위치한 호텔나루다. 호텔나루가 위치한 마포대교는 마포나루가 있던 곳이다. 흥미롭게도 과거의 나루터는 모두 지금의 한강 다리가 되었다. 마포나루의 마포대교, 양화나루의 양화대교, 동작나루의 동작대교 등이다. 그중에서도 마포나루는 압도적으로 중요한 물류의 중심이었고, 사람들이 가장 많이 모여드는 곳이었다. 사람들은 마포나루에 모여 교류하고, 비즈니스를 하고, 문화를 만들었다. 지금 그 마포나루의 역사는 호텔나루가 되어 여전히 이어지고 있다. 호텔나루는 과거와 현재가 만나 만들어내는 새로움을 '프리즘'이라는 오브제로 설명하고 있다. 일곱 색

깔 빛을 만들어내는 프리즘처럼 다채로운 이야기가 펼쳐지는 장소라는 의미다.

이처럼 100개의 호텔, 100개의 이야기들이 모여 엠갤러리만의 아름답고 신기한 세계가 펼쳐진다. 오브제에 따라 호텔 하나하나의 이야기는 달라져도, 엠갤러리다움은 일관되게 지켜진다. 애플 제품들이 각기 달라도 다 애플처럼 보이고, 뱅앤올룹슨의 수많은 변주들도 다 뱅앤올룹슨다워 보이듯, 엠갤러리는 나다움이 형식을 뛰어넘은 세계관의 결과라는 것을 알려준다.

모든 브랜딩의 시작은

외력이 아닌 내력으로부터,

즉 나로부터 시작해야 한다.

나다운 전략이 조직 내부의

공감을 받을 수 있고,

내부로부터 공감받는

전략이 실행될 수 있다.

비로소 마침내, 진정성

진정성은 일관성, 성실함, 내적 동기를 의미한다.
브랜드의 진정성은 공진화를 지향해야 한다.
물건과 서비스에 마음을 담아야 비로소 브랜드가 된다.

오랫동안 스스로를 브랜딩과 맞지 않는 사람이라고 평가하곤
했다. 감각적이고 트렌디한 사람이 브랜딩에 어울릴 거라는 고
정관념을 갖고 있었기 때문이다. 안타깝게도 나는 그런 사람이
아니다. 미덕이라면 솔직함과 성실함이 전부다. 그런데, 그런
내가 브랜딩과 어울리는 사람이 되었다. 내가 달라져서가 아니
다. 달라진 것은 시대의 화두다. 감각과 트렌드가 아닌 진실함

과 성실함으로. 그렇다. 진정성의 시대다.

워크숍이나 강의를 하게 되면 참석자들에게 자신을 지칭할 닉네임을 결정해 오라고 미리 요청한다. 닉네임의 조건은 최애 브랜드, 좋아하는 이유가 한 개 이상 있어야 한다. 나이키, 스타벅스, 테슬라, 또는 명품 브랜드들이 주로 나올 것 같은데 실상은 그렇지 않다. 들으면 알 만한 브랜드도 있지만 그렇지 않은 브랜드들도 많다. 작은 동네 문구점을 소개하는 참석자도 있었다.

유명하건 그렇지 않건 공통적으로 언급하는 단어가 있다. '진정성'이다. 생각해보면 당연하다. 누구와 친구가 되고 싶은 가? 멋지고 세련된 친구와 같이 있으면 으쓱해진다. 나까지 덩달아 멋져 보인다. 그렇지만 우리가 진짜 함께 있고 싶은 사람은 멋진 사람이 아니다. 진실한 사람이다.

진정성이란 무엇일까? 국어사전에서는 '진실하고 참된 성질'이라고 정의한다. 철학자 김동훈은 이렇게 설명한다. "진정성을 의미하는 영어 오센티시티Authenticity는 그리스어 아우센티쿠스Authenticus에서 유래했는데, 그 뜻은 '직접 자기 손으로 만듦'이다. 진정성은 자신이 직접 만들어서 스스로 보증할 수 있는 것, 그 행동과 말에 책임질 수 있다는 의미다." 맞는 말이다. 다만 진정성의 영어 단어가 오센티시티인가는 생각해볼 여지가 있다. 오센티시티는 진품에서 우러나는 아우라의 의미라고 이해된다. 그런데 우리가 흔히 이야기하는 진정성에는 오센티시티뿐 아니라 신시어리티sincerity와 트루스truth까지 포함된다.

그래서 나는 진정성의 뜻을 이렇게 정의한다. 겉과 속이 다르지 않은 일관성truth, 예외 없는 성실함sincerity, 마음에서 우러나오는 내적 동기authenticity. 이 세 가지가 모두 진정성의 조건이다.

진정성을 갖추기 어려운 이유 그리고 공진화

이것이 진정성의 전부라면, 다른 브랜딩 요소에 비해 갖추기 쉬운 요건 아닌가? 그저 착하고 솔직하고 성실하면 조건 충족일 테니까. 대단한 전략도 놀라운 실행도 필요 없을 것이다. 그런데 왜 진정성이 시대의 화두가 될 만큼 중요해졌을까? 진정성을 유지하는 게 생각만큼 쉽지 않기 때문이다. 진정성 있는 브랜드가 되기 어려운 이유가 몇 가지 있다.

첫째, 변화만이 살길이라고 세뇌하는 세상에서 일관성을 유지하기가 어렵다. 변화하지 않으면 고인 물이라 비웃고, 변화하면 진정성이 없다고 폄하한다. 고인 물과 진정성 사이에서 균형점을 찾기가 쉽지 않다.

둘째, 본질적으로 우리는 이기적이다. 대부분의 브랜드도 이기적인 마음에서 시작됐다. 전기가 지구를 구원할 청정 에너지원으로 각광받고 있지만, 에디슨은 지구를 위해 전기의 상업화에 헌신한 것이 아니다. "내가 전구를 만들어내면 모든 가정, 공장, 사무실, 건물, 농장에서 석유램프나 가스등을 전구로 교체할 것이다. 그렇게 되면 전기가 많이 필요하게 된다. 처음에는 사람들이 전구만 사용하겠지만 나중에는 다른 여러 가지 전기 제품을 구입할 것이다. 나는 그런 전기 제품들을 발명하고, 이 모든 제품들을 전 세계에 판매하겠다." 에디슨의 위대한 업적을 가능케 한 것은 그의 욕망이었다.

셋째, 진정한 진정성은 성과를 낼 때 의미가 생긴다. 사장님은 일찍 출근하고 늦게 퇴근하는 직원을 무조건 좋아하지 않는다. 그의 태도가 칭찬을 받으려면 성과로 연결되어야 한다. 그제서야 성실함은 진정성으로 승화된다.

"결과 없는 내용은 무의미하고, 내용 없는 결과는 지루하다." 네덜란드의 전설적인 축구선수 요한 크루이프Johan Cruyff의 말이다. 나는 이 말을 이렇게 바꾸고 싶다. "결과 없는 진정성은 무의미하고, 진정성 없는 결과는 지루하다."

브랜드의 성과는 시장점유율 같은 단편적인 수치로 나타낼 수 없다. 브랜드의 성과는 공진화해야 한다. 공진화란 원래 생물학에서 나온 개념으로, 한 생물 집단이 진화하면 밀접한 연관이 있는 다른 생물 집단도 함께 진화한다는 뜻이다. 단순한 예로, 포식자인 치타의 달리기 속도가 빨라지면 살아남기 위해 영양의 달리기 속도도 빨라진다.

브랜드는 나다움을 대표하는 세계관 안에서 일관되고 성실하게 진화해야 한다. 그리고 나의 진화로 내가 속한 생태계, 더나아가 사람들의 삶이 진화되어야 한다. 나와 남, 브랜드와 고객, 기업과 인류가 함께 발전해야 한다. 이 믿음과 실천이 브랜드의 진정성이다.

브랜드 개발 프로젝트로 만났던 변대규 휴맥스 회장은 기업과 사회가 어떻게 서로에게 영향을 미치며 진화해야 하는지를 이렇게 설명했다. "나는 스스로를 경영자가 아니라 기업가라고 생각합니다. 경영은 사업을 효율적으로 관리하는 것이 핵심이지만, 기업은 혁신으로 사회에 새로운 부를 가져다주는 게 본연의 역할이죠."

마음을 담으면
브랜드가 됩니다

워크숍이나 강의에서 내가 가장 자주 선택하는 최애 브랜드 닉네임은 '교보'다. 교보생명보험을 존경하고, 교보문고를 좋아해서다.

'교보'는 '교육보험'을 줄인 말이다. 교보생명그룹은 1958년 국민 교육 진흥과 민족 자본 형성을 목표로 대한교육보험 주식회사를 설립한 데서 시작한다. 전쟁이 끝나고 불과 몇 년 후였다. 신용호 창업자가 이 사업을 시작한 이유는 분명하다. 공부하고 싶은 사람들이 가난으로 꿈을 포기하지 않도록 돕는 것, 이것이 사업의 이유이자 목적이었다. 대학에 진학하면 학비를 돌려주는 세계 최초의 교육 보험이었다. 전후 극심한 어려움 속에서도 교육에 진심인 한국인들의 열렬한 환호로 대한교육보험은 창립 10년이 지나지 않아 업계 정상에 올랐다.

앞서 브랜드의 진정성이란 일관성, 성실함, 내적 동기라 정의했다. 그리고 브랜드의 진정성이 의미를 가지려면 공진화라는 성과로 이어져야 한다고 말했다. 그렇다면 교보는 어떻게 이 기준을 충족했을까?

교보의 교육보험 덕분에 30년간 3백만 명 이상의 학생들이 무사히 대학을 졸업할 수 있었다. 이들이 대한민국을 일으키고 선진국의 토대를 쌓은 중추가 되었음은 물론이다. 기업의 진화가 곧 사회의 진화로 이어지는 공진화, 이보다 더 극적인 사례가 있을까?

성장이라는 교보생명그룹의 세계관은 교보문고로 일관되게 이어진다. 교보생명그룹이 광화문 한복판에 교보빌딩을 세웠을 때, 그 넓은 공간을 책만으로 채우리라 예상한 사람은 없었다. 단 한 사람, 신용호 창업자를 제외한다면.

책의 영향력이 약해지는 시대, 서점을 찾기 어려운 시대다. 교보문고 역시 최근 몇 년간 흑자를 기록하지 못하고 있다. 그럼에도 교보문고는 전국의 중심지에 꿋꿋하게 자리를 지키고 있다. 공간을 상업적 관점으로만 보지 않기에 빌딩 한 층을 서점으로 만들었고, 서점의 목적을 책 판매로만 보지 않기에 서점 중앙에 5만 년 된 카우리 소나무로 만든 100인용 테이블을 배치할 수 있었다. 교보빌딩의 전면부에는 아름다운 문장이 적힌 글판이 있다. 무려 1991년부터 이어져 온 것이다. 다른 빌딩들이 건물 전면부를 미디어 광고판으로 활용하는 것과 비교해보자. 흔들리지 않는 교보생명그룹의 성실함이 더욱 대단하게 느껴진다.

교보생명그룹의 일관성 있는 성실함을 가능케 한 것은 진심에서 우러나온 내적 동기다. 성장이라는 그룹 세계관, "사람은 책을 만들고, 책은 사람을 만든다"는 교보문고의 철학이 깊이 내재화된 결과다.

매력의 미들노트 3
극복한 또는 극복할 결핍

누구나 결핍이 있다. 숨기느냐, 극복하느냐의 차이다.
극복한 결핍이 매력을 만든다.
솔직할 것, 그리고 극복을 위해 노력할 것.
결핍을 매력으로 만들기 위한 조건이다.

앞에 나서서 프리젠테이션을 하거나 회의를 주도하는 일이 꽤 잦다. 사실은 나도 늘 긴장하는데, 다행히 남들 눈에는 그렇게 보이지 않는 모양이다. 어떻게 하면 떨지 않고 발표를 할 수 있는지 많은 후배들이 묻곤 한다. 이런저런 팁을 전수해주지만 가장 효과적인 방법은 따로 있다. 내가 떨고 있다는 것을 솔직하게 밝히는 것이다.

"너무 중요한 발표여서, 제가 잘하고 싶은가 봅니다. 지금 긴장해서 바들바들 떨고 있습니다." 이렇게 얘기하는 순간, 이상하게도 더 이상 떨리지 않는다. 아마도 긴장을 하는 이유는 부족하고 나약한 존재임을 들키는 것에 겁을 내기 때문인가 보다.

강한 것만이 살아남는 세상에서 나약함을 공개하는 것은 쉽지 않다. 그런데 놀랍게도 나약함에 대한 고백은 공감과 응원을 이끌어낸다. 날카롭던 회의실의 분위기가 한결 누그러지고, 굳었던 얼굴들이 부드러워진다. 나약함을 밝혔을 때 비웃는 청자는 단 한 명도 보지 못했다.

임포스터 증후군이란 운이 좋아 이 자리에 올랐을 뿐 남들이 생각하는 것만큼 뛰어나지 않은 나의 실체를 곧 들킬 것 같아 두려워하는 심리적 현상을 말한다. 이 분야의 전문가인 리사 손Lisa Son 교수는 세계적인 셀럽 중 아주 많은 수가 이 증후군을 겪고 있다고 말한다. 한국과 미국 최고 대학의 학생들을 대상으로 한 조사 결과에서도 대부분이 이 증후군에 시달리는 것으로 드러났다. 즉, 우리는 너 나 할 것 없이 모두 나약하다. 아무리 강해 보이는 사람도 내면에는 들키고 싶지 않은 결핍이 있다. 그런 우리가 어려움을 겪고 있는 사람의 편에 서고자 하는 것은 당연하다.

그래서 픽사는 뚜렷한 결핍이 있는 캐릭터에게만 주인공의 자격을 부여한다. 결핍이 없는 주인공은 없다. 완벽한 캐릭터는 공감을 이끌어내지 못하고, 공감을 이끌어내지 못하는 캐릭터는 쉽게 잊힌다. 약한 면모를 솔직하게 드러낼 때, 관객은 캐릭터의 이야기에 몰입하게 된다. 떨고 있음을 고백하는 발표자처럼 말이다.

사람들은
결핍을 응원한다

그런데 중요한 점이 있다. 사람들이 응원하는 것은 결핍을 극복하기 위한 도전이지, 결핍 그 자체가 아니다. 결핍이 도전의 부스터 역할을 하지 못하고 결핍 그 자체로 남는다면 그 누구의 응원도 받지 못한다. 떨려도 발표를 이어가는 발표자, 떨린다고 발표를 중단하는 발표자, 당신은 누구를 응원하겠는가?

사람들은 포기하지 않는 약자의 편에 선다. 완전함이 아닌 불완전함, 강점이 아닌 약점, 이런 조건 속에서도 포기하지 않는 캐릭터야말로 긍정적인 영감을 불러일으킨다. 롯데월드 아이스링크장에서 연습해 세계 최고가 된 김연아 선수, 입양아 출신 스티브 잡스, 고졸 복서에서 세계적인 건축가가 된 안도 다다오, 청각을 잃고 합창 교향곡을 작곡한 베토벤. 결핍을 뛰어넘는 도전이 가장 큰 매력임을 증명한 사례는 무궁무진하다.

사회심리학을 연구하는 학자가 청중들에게 두 사람의 인생 이야기를 들려주었다. 한 사람은 중상층 가정에서 태어나 평탄하게 성장해 큰 성공을 거두었다. 다른 사람은 어려운 가정에서 태어나 힘들게 성장했지만 지금은 평범하게 살고 있다. 학자는 누가 더 칭찬과 존경을 받을 자격이 있는지 물었다. 대부분의 청자들은 후자를 선택했다. 평온한 인생을 유지하는 것보다, 혼자 힘으로 힘든 인생을 극복하는 것이 훨씬 더 어렵다고 여기기 때문이다. 사회학자 니루 파하리아Neeru Paharia는 이러한 현상을 '언더독 효과'라고 부른다. 사람들은 역경을 겪으면서도 싸움을 계속하는 언더독에게 동질감을 느낀다.

우리나라 대기업들이 그 사회적 영향력에도 불구하고 대중들의 사랑을 받지 못하는 이유도 여기에 있다. 아무리 창업 당시 고되었던 과거를 감동적인 스토리로 홍보해도, 우리가 기억하는 그들은 늘 생태계 최강자였다. 그들도 끊임없이 신규 비즈니스에 도전하고, 새로운 브랜드를 론칭하며, 때론 실패한다. 그러나 그들의 도전은 그다지 절박하게 느껴지지 않는다. 중소기업 브랜드들이 온 힘을 다해 한 번의 펀치를 날리는 것, 만일 그 한 번의 펀치가 실패하면 기업의 존립이 위험해지는 것과는 무게감이 같지 않다.

강릉을 커피의 도시로 만든 브랜드의 세계관

그렇기에 작은 브랜드들이 언제나 불리한 것만은 아니다. 당연히 작은 브랜드들은 큰 브랜드들보다 많은 면에서 열악하다. 그러나 매력이라는 관점에서 보면 다르다. 작은 브랜드들의 결핍은 매력의 시작이 될 수 있다. 물론 모든 결핍이 매력이 되는 것은 아니다. 어떻게 하면 결핍을 매력으로 승화할 수 있을까?

첫 번째 조건, 솔직하고 당당한 커밍아웃이다. 서울 도심지를 걷다 보면 수많은 커피 전문점들을 만난다. 그중에는 스타벅스나 블루보틀처럼 해외에서도 최고로 인정받는 브랜드들이 있지만, 잘 살펴보면 가면을 쓰고 있는 브랜드들도 있다. 역사도 짧고 인지도도 높지 않은 유럽 브랜드들을 한국에 들여와 유럽 정통 커피 브랜드라고 소개한다.

그 사이에서 정직하게 한국 브랜드임을 드러내는 브랜드가 있다. 서울도 아닌 강릉 출신 진짜 로컬 브랜드, 테라로사다.

"나는 강원도에 애착을 갖고 있다. 그래서 제품도 메이드 인 강릉으로 하고 있다. 메이드 인 코리아가 아니다. 외국 제품도 메이드 인 이탈리아보다 메이드 인 피렌체를 더 믿지 않나? 와인도 원료로 쓴 포도 재배 지역이 작을수록 와인 값이 비싸지 않나? 지역을 드러내는 게 고급스러운 이미지를 갖게 됐고, 그게 우리의 강점이 됐다."

테라로사 김용덕 창업자의 말이다. 그런데 피렌체나 와인 재배 지역과 강릉을 비교하기는 무리가 있다. 피렌체에는 정통 가죽 장인들이 있지만, 당시만 해도 강릉에는 정통 커피 장인이 희귀했다. 와인 재배 지역에는 포도밭이 있지만, 강릉에는 커피나무가 한 그루도 없다.

그러나 창업자에게는 커피에 대한 열정과 진정성이 있었다. 그럴듯해 보이려고 남의 것을 차용하지 않는 당당함, 남의 역사를 빌려와 내 역사인 듯 가면을 쓰지 않는 솔직함이 브랜드를 궁금하게 만든다. 모든 정보가 투명하게 공유되는 요즘, 남의 가면을 빌려 쓰는 것만큼 초라한 것은 없다.

두 번째 조건은 결핍을 극복하는 도전이다. 앞서도 이야기했듯 진정한 주인공은 약점, 나약함, 결핍을 극복해낸 캐릭터다. 그리고 이 극복의 방법은 반드시 정공법이어야 한다. 정당한 방법으로 묵묵하게 옳은 길을 가야 한다. 이것이 테라로사가 성공한 진짜 이유다.

테라로사는 비록 유서 깊은 유럽 정통 브랜드는 아니지만, 그들 못지않은 품질을 제공하기 위해 최선을 다한다. 엄격한 기준을 통과한 원두로 만들어진 스페셜티 커피만 대접하고, 매장의 수를 늘리는 데 우선순위를 두지 않는다. 매장 수가 늘면 일정한 품질을 유지하기가 어렵기 때문이다. 또한, 테라로사다움을 지키되 그 지역만의 특징을 살린 공간 연출은 테라로사 지점을 지역의 핫 플레이스로 만든다. 스페셜티 커피의 품질을 최우선으로 여기는 블루보틀과 고객 지향적 공간을 최우선으로 여기는 스타벅스의 장점이 동시에 보인다.

세 번째 조건은 깊이 있는 철학에서 출발한 독특한 세계관이다. 작은 브랜드가 물리적 인프라를 넓히는 데는 한계가 있다. 그러나 철학의 깊이는 그 한계를 둘 필요가 없다. 작은 국내 브랜드에서 시작해 성공을 거둔 커피 전문점 브랜드들은 과거에도 있었다. 하지만 그들은 오래가지 못했다. 돌이켜 생각하면 철학의 부재가 원인이었다. 매장이 몇 개나 확장되었는가? 해외 몇 개 도시에 진출하였는가? 당시 그 브랜드들의 주요 홍보 주제였다. 주주들의 재산을 늘려주는 것만이 목표의 전부처럼 보였다. 커피에 대한 철학도, 공간에 대한 책임감도 없었다.

반면 테라로사는 커피가 중심이 된 브랜드 철학과 세계관을 깊고 넓게 펼쳐가고 있다. 스페셜티 메뉴 하나하나가 나름의 이름과 이야기를 갖고 있는 것이 그 예다. 흔히 브랜딩의 생명은 디테일이라고 한다. 그런데 디테일이 브랜딩을 완성하는 것이 아니다. 세계관이 분명하면 디테일이 채워진다. 테라로사가 갖고 있는 커피의 세계관이 진심이기 때문에 하나하나의 스페셜티에 자연스럽게 이야기가 생겨난 것이다.

테라로사 본점을 가려면 강릉 시내에서도 한참 외곽으로 나가야 한다. 처음 이곳을 찾아갈 때 제대로 된 길을 가고 있는지 몇 번이나 내비게이션을 확인해야 했다. 본점이 강릉 외곽에 있는 것도 놀라웠지만, 더 놀라웠던 것은 오전부터 꽉 찬 주차장이었다. 아마 테라로사 본점을 배경으로 인스타그램 피드를 올리고 싶은 사람들도 있었을 것이고, 제대로 된 스페셜티 커피 한잔을 마시고 싶은 사람도 있었을 것이다.

그렇지만 나는, 그들을 끌어들인 근본적인 매력은 스페셜티 커피 문화에 대한 테라로사의 세계관이라고 믿는다. 커피뮤지엄을 운영하면서 수준 높은 핸드드립커피 경험을 제공하고, 강릉 전체를 커피의 도시로 만든 그 세계관 말이다.

누가 더 잘하느냐의
문제가 아니다

팬텀싱어2 예선 심사장, 유학파 성악가들의 무대가 이어진 후 한 참가자가 무대에 올랐다. 앞서 펼쳐졌던 수준 높은 무대들의 여운 속에서 그를 주목하는 사람은 없었다. 그도 그런 분위기를 느꼈는지, 팬텀싱어 클래스를 떨어뜨려 죄송하다는 사과로 입을 열었다. 다른 참가자들처럼 유학파나 명문대 출신이 아니라는 이유였다. 성악 전공도 아닌, 부산의 석유화학 기업에서 근무하는 평범한 직장인이었다.

그러나 곧 반전이 일어났다. 그의 공연은 누구보다도 독특하고 놀라웠다. 공연이 끝난 후 모두 넋을 놓고 감탄하고 있을 때, 심사위원 한 명이 처음 내뱉은 말이 이것이었다.

> "이건 성악 콩쿠르가 아니에요. 누구를 매료시키느냐의 싸움이에요."

어떻게 되었을까? 결핍된 상태로 무대에 올랐지만 반전의 매력을 보여준 그는 시즌 내내 많은 시청자들의 지지를 얻었다. 그리고 팬텀싱어 최종 멤버가 되는 데 성공했다. 그가 속한 포레

스텔라는 우리나라 크로스오버를 대표하는 팀으로 클래식 음악
계의 공연 문화를 이끌고 있다.

　　누가 더 잘하는가? 물론 중요하다. 이것은 오디션의 합격
과 불합격을 결정하는 커트라인과 같다. 그런데 이 커트라인을
넘으면 더 중요한 기준이 기다리고 있다. 누가 더 사람들의 마
음을 움직이는가?

마법의 언어, 생동감

젊은 브랜드와 늙은 브랜드의 차이점은
나이가 아닌 생동감이다.
생동감이란 에너지, 열정, 도전이다.
생동감을 잃은 브랜드는 새로운 고객을 끌어모으지 못한다.

브랜드가 장수하는 것은 대단한 일이다. 시간을 이겨 살아남았음은 존중받아 마땅하다. 하지만 고민도 생긴다. 젊은 세대들은 나이 들어 보이는 브랜드를 좋아하지 않는다. 브랜드에게 가장 두려운 문제다. 사실 브랜드 컨설팅의 핵심은 안티에이징의 솔루션을 찾는 것과 다름없다.

뱀파이어처럼 영원히 늙지 않는 것, 모든 브랜드의 꿈이다. 그런데, 늙음과 젊음의 기준이 단순한 숫자일까? 미국의 철학자 사무엘 울만Samuel Ullman은 그렇지 않다고 말한다.

> 청춘이란 인생의 어느 한 시기가 아니라 마음가짐을 뜻한다. (……) 상상력, 감수성, 의지력, 인생의 깊은 샘에서 솟아오르는 신선함이다. 누구나 세월만으로 늙지 않는다. (……) 이상을 잃어버릴 때 비로소 늙기 시작한다.
>
> – 사무엘 울만 〈청춘〉 중에서

반짝이는 눈으로 불가능을 갈망하고 새로움을 실현하는 것, 한마디로 생동감이다. 영원히 늙지 않는 비법, 그것은 생동감을 유지하는 것이다. 오랜 컨설팅 경험으로 자신 있게 말하는데, 생동감은 모두가 좋아하는 매직의 키워드다. 사람들은 생동감이라는 단어에 매혹된다.

꿈꾸는 모든 것에는 생동감이 있다

그렇다면, 생동감이란 무엇일까?

첫째, 생동감은 에너지다. 사람들은 젊은 것, 살아 있는 것, 생기 있는 것을 좋아한다. 더 정확하게는 그 안에 담겨 있는 에너지를 추앙한다. 변화를 열망하고 성장을 꿈꾸는 모든 것에는 에너지가 있다. 머물러 있는 것은 에너지가 느껴지지 않는다. 에너지를 잃었을 때, 꿈은 끝나고 성장은 멈춘다.

케이팝 제작자인 이중엽은 이런 말을 했다. "아이돌 팬들 입장에서는 멤버들이 열심히 해서 어려운 안무의 합을 맞추었다는 것이 감동을 줍니다. 거기서 나오는 에너지가 있거든요. 그 에너지가 사람을 감정적으로 확 끄는 근원입니다. 멤버들이 얼마나 더 성장의 꿈을 갖고 있느냐? 이것이 케이팝을 움직이는 근본적인 힘입니다. 멤버들에게 그런 에너지가 사라졌다는 느낌이 들면 팬들은 신기할 정도로 정확하게 알아차립니다."

세상 모든 것은 서로 끌어당기는 에너지가 있다. 그리고 에너지는 더 큰 에너지에 끌린다. 이것이 만유인력의 법칙이다. 이 법칙은 브랜드에도 적용된다. 결국 사람을 끌어당기는 비밀은 에너지다.

둘째, 생동감은 순수한 열정이다. 이것은 목표와 대상을 진심으로 좋아하고 원하는 것에서 출발한다. "오늘 만족하지 않고 내일 더 잘하고 싶다. 오늘 훈련보다 내일 훈련에서 더 잘하고 싶다. 다가오는 경기에서 이길 수 있게 팀을 돕고 싶다. 훈련이든 경기든 나는 최고가 되고 싶다." 손흥민 선수의 고백이다. 우리가 손흥민 선수를 좋아하는 이유는 그가 축구를 잘하기 때문만은 아니다. 진심으로 축구를 좋아하는 그의 열정을 느낄 수 있어서다. 열정이 없으면 좋아할 수 없고, 좋아할 수 없으면 잘할 수 없다.

2018년 평창동계올림픽을 위한 슬로건을 개발할 때였다. 역사적인 프로젝트를 진행하면서, 나는 그 안에 지금의 한국다움을 녹이고 싶었다. 그래서 수많은 사람들에게 "당신은 어떤 사람입니까?"라는 질문을 던졌다. 한국인을 대표하는 한마디를 찾기 위해서였다. 놀랍게도 절반 이상 되는 사람들이 "나는 열심히 사는 사람입니다"라며 스스로를 소개했다. 이것이 평창동계올림픽 공식 슬로건인 'Passion. Connected.'의 탄생 배경이다. 우리는 열심히 살고 있다. 그리고 이에 자부심을 느낀다. 더나아가 다른 이들도 열심히 살기를 기대한다.

셋째, 생동감은 두려움 없는 도전이다. "당신이 초바니를 처음 만들던 때로 돌아가봅시다. 그때 제너럴밀스, 크래프트, 네슬레 같은 세계적인 식품 기업들은 어떻게 대응해야 했을까요?" 어느 기자가 초바니의 창업자 함디 울루카야에게 물었다. 건강한 그릭요거트를 내세워 요거트 시장의 패러다임을 바꾸어놓은 후였다. 그는 이렇게 대답했다. "그래도 그들은 별수 없이 자신의 시장을 지키려고 애썼을 것입니다. 새로운 제품을 만드는 것보다 현재 시장을 지키는 것이 더 중요했으니까요."

많은 브랜드가 대담한 열정으로 시장에 출사표를 던진다. 그러나 그 열정은 시간이 지나면서 점차 옅어진다. 공격적인 태세에서 방어적인 태도로 변한다. 어느 정도의 위치에 서게 되면 지켜야 할 것이 많아지기 때문이다. 위험을 감수하는 일이 말 그대로 너무나 위험한 일이 되어버린다. 도전은 지킬 것이 적을 때 할 수 있다.

이것이 많은 브랜드가 생동감을 잃어버리는 이유다. 새로운 시도에 두려움이 커진다. 규모가 확장됨에 따라 의사 결정이 느려지고 민첩성을 잃는다. 성장의 꿈이 희미해지면 에너지가 줄어든다. 누구나 생동감을 열망하지만, 실제로 생동감을 전달하는 브랜드가 많지 않다.

꿈꾸지 않는 브랜드, 생동감을 잃은 브랜드는 매력이 없다. 새로운 고객을 끌어모으지 못한다. 관성적으로 물건을 구매하는 올드팬만 남는다.

에너지, 열정, 도전. 이것은 생동감을 잃지 않고 매력적인 브랜드로 존재감을 갖기 위해 꼭 필요한 덕목이다. 변화하는 시장을 예민하게 감각하고, 새로운 세대를 위한 가치를 제공하면서, 스스로를 변화시키며, 끊임없이 도전해야 한다.

다만, 기억해야 할 것이 있다. 생동감을 상징하는 이 모든 에너지들은 내부로부터 발산되어야 한다. 생동감 있게 보이는 것이 아니라, 조직이 진실로 생동감 있어야 한다. 한국 지속가능학회 회장인 조동성 교수와 서울대 의대 박상철 교수는 다음과 같이 주장한다. "늙은 사람 몸에도 젊은 세포가 있고, 젊은 사람 몸에도 늙은 세포가 있다. 젊은 사람 몸의 중심에는 젊은 세포가 있고, 늙은 사람 몸의 중심에는 늙은 세포가 있을 뿐이다." 브랜드도 동일하다.

우리는 구찌가 어떻게 젊은 세대들을 상대로 리부팅에 성공했는지 알고 있다. 구찌가 구찌답지 않은 과감함을 선보일 수 있었던 배경에는 밀레니엄세대와 Z세대에게 중요한 결정을 양보하는 그림자 위원회와, 젊은 직원이 나이 든 경영진을 코칭하는 리버스 멘토링이 있었다.

포브스 선정 500대 기업 중 상위 100개 사의 스타트업 협력 비율이 무려 70%에 육박했다는 조사 결과도 있다. 이에 반해 하위 100개 사의 협력 비율은 32%에 불과했다. 도전과 혁신에 열려 있는 브랜드는 지속적으로 성장한다는 방증이다.

생동감이 만든
기적

혹시 생동감을 나이의 산물이라고 생각한다면 모지스 할머니를 기억하자. 안나 메리 로버트슨 모지스Anna Mary Robertson Moses 는 모지스 할머니라는 애칭으로 불리는 미국의 국민 화가다. 모지스 할머니가 그림을 그리기 시작한 나이는 76세였다. 그는 101살에 세상을 떠나기 전까지 무려 1,600여 점의 그림을 그렸다. 100세가 넘어서도 25점이나 되는 작품을 남겼다. 누가 그를 늙었으니 생기 없다고 말할까?

우리나라 브랜드 중에도 모지스 할머니를 닮은 브랜드가 있다. 늙고 주목받지 못하던 브랜드였지만, 모지스 할머니의 붓처럼 빈 캔버스를 자신만의 색으로 채워 수많은 젊은이들을 끌어모은 브랜드, 강원도 양양이다. 속초와 강릉 사이 특별할 것 없던 낡은 마을 양양은 어떻게 대한민국의 핫 플레이스가 되었는가?

지방자치 제도가 출범한 이래 지금까지, 많은 지방자치단체들이 고유의 브랜드를 개발해왔다. 일부는 성공했으나 다수가 실패했다. 그 지역의 핵심 가치를 찾지 못했기 때문에, 또는 핵심 가치가 차별성이 없었기 때문에, 아니면 핵심 가치가 매력이 없었기 때문이다. 물론 성공을 거둔 곳도 없지 않다. 그러나 그 어느 곳도 양양만큼 압도적이고 인상적인 성공을 거두지는 못했다.

양양의 신화는 2015년 라온서피리조트 박준규 대표가 서피비치를 오픈한 데서 시작한다. 그는 양양의 '보라카이화'를 꿈꾸었다. 주간에는 서핑을 즐기도록 하고 야간에는 비치 파티를 열어, 새로운 문화의 저변을 넓혔다. 지방자치단체 역시 적극 협조했다.

좋은 콘텐츠는 주목받고, 주목받는 콘텐츠를 위한 인프라는 조성되기 마련이다. 주민 약 3만 명인 이곳에 지금은 연간 1천만 명이 넘는 방문객이 몰린다. 다른 지역의 브랜딩과 양양의 브랜딩은 무엇이 달랐을까?

먼저, 양양은 그 어느 곳과도 다른 키워드를 선점했다. 맑은 물, 푸른 숲, 상쾌한 공기 같은 뻔한 이야기가 아니다. 양양의 성공은 단 하나의 키워드 '서핑'으로 압축된다. 삼면이 바다인 우리나라에서 서핑을 즐길 수 있는 해변이 오직 양양 한 군데일까? 그러나 서핑이라는 키워드를 보유한 해변은 양양뿐이다. 양양의 사례는 키워드의 선점과 그 키워드의 결이 얼마나 중요한지 다시 한번 일깨운다.

두 번째로, 스스로 성장할 수 있는 세계관의 시작이다. 양양을 보면 스포츠 브랜드 반스가 떠오른다. 반스는 스케이트보드를 모태로 탄생했다. 그러나 반스는 스케이트보드를 단순히 스포츠 중 하나가 아니라, 오프 더 월Off the Wall, 즉 경계에 선 청년 문화의 상징으로 끌어올렸다. 스케이트보드를 주제로 다양한 이벤트들을 주최하고, 뛰어난 보더들을 후원했다. 반스가 청년 문화의 수호자 자리를 차지하게 된 것은 당연하다.

마지막 핵심은 생동감이다. 지금까지 다른 지역 브랜드에서는 이렇게 생동감 넘치는 키워드가 없었다. 동적인 움직임을 유도하는 생동감이야말로 사람들을 끌어당기는 마법이다. 재방문을 이끄는 기폭제이기도 하다. 생동감이란 한 번의 충격이 아니라, 지속되고 확장되는 에너지다.

양양은 앞으로 어떻게 성장할까? 우선, 서핑이라는 핵심 키워드를 희석하지 말기를 바란다. 성공에 취해 더 크고 넓은 키워드를 욕심내었다가 이도 저도 아닌 브랜드로 몰락하는 사례들을 너무 많이 보았다. 그리고 서핑에 집중하되 서핑이 상징하는 청년 문화로 발전하기를 바란다. 왜 젊은이들은 서핑에 열광하는지, 그 안에 내재된 충족되지 않은 욕망을 읽기를 바란다. 스케이트보드에서 시작해 저항하는 청년의 상징이 된 반스처럼 말이다.

그리고 무엇보다, 지금의 생동감을 잃지 말기를 바란다.

생동감은 에너지, 순수한 열정, 두려움 없는 도전이다. 순수한 열정이 식고 상업화에 몰두하는 순간 양양의 신화는 깨질 것이다.

매력의 베이스노트 2

긍정적 놀라움, 의외성

브랜드가 신선하고 매력적으로 느껴지기 위해서는
고정관념을 깨는 의외성이 필요하다.
나다움과 의외성의 균형이 중요하다.
유쾌함과 호감을 바탕으로, 적당한 시간을 두고
의외의 경험을 제공해야 한다.

'무대 위에서는 거침없고 열정적인 멤버, 그런데 알고 보면 수줍음 많은 정수리 요정'. '귀여운 막내 멤버, 그런데 알고 보면 뛰어난 실력의 작곡가'…… 아이돌 기획자들은 멤버들의 캐릭터를 만들 때 '알고 보면 법칙'을 적용한다. 한마디로 반전의 매력이다. 아이돌 팬들은 자신이 지지하는 멤버가 무대 위와 무대 밖에서의 모습이 얼마나 다른지를 자랑한다.

뚜렷한 나다움을 바탕으로 한결같은 진정성을 보여주는 브랜드는 좋은 브랜드다. 그런데 앞서도 이야기했듯, 좋은 브랜드가 다 매력적인 브랜드는 아니다. 외강내강, 외유내유라는 말은 없는데 왜 외유내강, 외강내유라는 말이 있을까? 갭이 있다는 건 그만큼 이야깃거리가 많다는 것, 즉 매력이 많다는 뜻이다.

좋은 브랜드에서
매력적인 브랜드로

좋은 브랜드가 매력적인 브랜드가 되기 위해 꼭 필요한 한 가지 덕목이 있다면, 그것은 의외성이다. 의외성이란 짐작을 벗어난다는 말이다. 의외성을 보통 'unexpected'라는 영어 단어로 해석하지만, 보다 전문적으로는 'mirativity'라고도 한다. 이는 '감탄을 자아내는'이라는 의미의 프랑스어 'admiratif'에서 유래한 말이다.

기업은 자신의 브랜드가 고객의 일상이 되기를 소망한다. 그런데 참 슬프게도 일상이 된 것은 금세 지루해진다. 극도로 지루해진 브랜드는 데이비드 아커David Aaker가 이야기한 '브랜드 무덤'에 들어가는 비극과 맞닥뜨린다. 브랜드무덤에 들어간 브랜드, 누구나 알고 있지만 선택하지 않는 브랜드다. 언제나 사람들은 새로운 것에 관심을 두기 마련이다. 그리고 세상에는 새로운 것들이 매일매일 등장한다.

어떻게 익숙한 브랜드가 새로움을 선사할 것인가? 무언가를 특별하게 만드는 것은 언제나 의외의 순간이다. 예상되는 행동과 말만으로는 주목받지 못한다. 때로는 익숙한 편견과 고정관념을 깨는 일탈이 필요하다. 그러니 매력적인 브랜드가 되려면, 그리고 그 매력을 유지하려면 의외성을 꼭 염두에 두어야 한다.

브랜드 전략가 토머스 가드Thomas Gad는 브랜딩에서 가장 중요한 하나를 꼽는다면 긍정적 놀라움이라고 주장한다. 예상치 못한 것을 갈망하는 것은 인간의 본능이다. 의외성은 브랜드에 지루해지지 않는 신선함을 제공하는 방법이다.

공간 기획가 김경목은 의외성을 다음과 같이 설명했다. "오늘날 사람들은 무엇이든 단순 소비재가 아닌 경험재로 여깁니다. 불과 얼마 전까지만 해도 상업 공간 디자인에서 중요한 것은 편의성을 해치지 않는 것이었습니다. 요즘은 이상하게도 사용하기 불편한 것이 더 인기를 끄는 경우가 많습니다. 불편한 디자인을 해야 한다는 뜻이 아닙니다. 사람들이 일상적이지 않은 것을 발견하고 경험하는 것에 가치를 둔다는 뜻입니다. 그리고 그러한 경험을 트렌디하다고 느낍니다."

일상에서 특별함을 발견하는 경험, 일상이 곧 놀라움이 되는 경험, 이것이 브랜드적인 경험이다. 의외성에 바탕을 둔 브랜드적인 경험을 주어야 브랜드다운 브랜드가 될 수 있다.

의외성의 힘을 보여준
국립박물관의 '뮷즈'

그런데 의외성에는 리스크가 숨어 있다. 이런 까닭에 많은 브랜드들이 리스크보다는 안전을 선택한다. "우리는 의외성을 주기 위해 열심히 노력합니다. 그러나 동시에 로레알다움을 유지하는 것도 반드시 필요합니다. 우리는 항상 스스로에게 묻습니다. 새로운 자극의 가장 적절한 수준은 어디까지인가?" 나다움과 의외성 사이에서 고민하는 로레알의 고백이다. 이는 모든 브랜드들의 공통적인 고민이기도 하다.

의외성이 리스크가 아닌 매력으로 작용하기 위해서는 다음 세 가지를 기억해야 한다.

1. 모든 브랜드 활동은 브랜드 세계관 아래 진행되어야 한다.

의외성이라고 예외는 아니다. 캐릭터가 개연성 없이 원래의 설정과 달라진 모습을 보이면, 몰입이 깨져버린다. 이를 캐릭터 붕괴라고 한다.

최근 흥미로운 변화를 보여주고 있는 국립중앙박물관을 보자. 원래부터 국립중앙박물관은 정말 멋진 곳이었다. 다양한 전시관뿐 아니라 거울못, 석조물정원, 미르폭포 등 일상을 잊게 하는 매력적인 공간들이 즐비했다. 자주 방문했지만 특별전시만 달라질 뿐 언제나 그대로였다. 박물관은 으레 그런 곳인 줄 알았다.

그러나 잔잔했던 국립중앙박물관이 달라지고 있다. 사유의 방이 시작이었다. 단 두 점의 반가사유상이 전시된 곳, 사유의 방. 평범한 전시실들을 거닐다가 문득 만나는 사유의 방은 유물을 대하는 또 다른 방식을 일러준다. 빠른 시간에 많이 보는 것도 좋지만, 천천히 깊이 있게 보는 것이 더 중요하다고 얘기하는 듯하다.

국립박물관의 굿즈 브랜드 '뮷즈'의 성공도 놀랍다. 어떻게 박물관 한편 아트숍에 자리 잡은 기념품 브랜드가 열렬한 팬덤을 창출할 수 있었을까? 문화재라는 바탕에 현대적인 감성 한 스푼을 얹어 탄생한 기념품 브랜드 뮷즈는 새로운 상품이 출시

되는 날이면 웹사이트 서버가 마비되고, 백화점에 팝업스토어가 운영될 정도의 화제를 불러일으켰다. 뮷즈는 멀게 느껴졌던 역사를 일상에서 즐길 수 있는 살아 있는 문화로 만들었다.

사유의 방, 뮷즈, 그리고 국립중앙박물관. 캐릭터 붕괴는 일어나지 않았다. 국립중앙박물관은 과거부터 지금까지 모든 사람들이 문화재를 즐기는 세상을 위해 존재해왔으니 말이다. 다만 그 행보에 즐거운 의외성을 더했을 뿐이다.

2. 유쾌함과 호감을 기반으로 해야 한다.

의외성의 목표는 기분 좋은 경험으로 브랜드의 긍정적 인식을 높이는 것이다. 이를 위해서는 인간 내면에 대한 깊이 있는 통찰이 필요하다. 어디까지가 호감이고 어디까지가 비호감인지 정확히 예측할 수 있어야 하기 때문이다.

'금요일에 업무를 맡긴 클라이언트'를 저격하는 엘지생활건강의 광고 영상이 얼마나 화제가 되었는지를 떠올려보자. 에이전시에서 일하고 있는 나는 에이전시가 대기업을 저격하는 데 대단한 용기가 필요하다는 것을 잘 알고 있다. 게다가 영상의 내용은 관점에 따라 호감과 비호감의 경계로 볼 수 있었다. 그러나 사람들은 영상을 제작한 에이전시의 도발에 유쾌해했고, 영상 업로드를 허락한 엘지생활건강의 관대함을 칭찬했다.

그러나 그 경계를 제대로 이해하지 못한 경우 반대의 결과를 낳을 수 있다. 강남구가 공식 유튜브 채널에 홍보 영상을 업로드했다가 대중의 뭇매를 맞은 적이 있다. 영상은 지방 출신 학생들이 강남에 놀러 와서 화려한 모습을 보고 주눅이 든다는 내용이었다. 학생들의 기죽은 모습을 과장되게 표현한 그 영상은 많은 사람들에게 어마어마한 분노를 불러일으켰다. 설마 강남구청에서 사람들을 무시하기 위해 의도적으로 이런 영상을 제작하지는 않았을 것이다. 다만, 호감과 비호감의 경계를 구분하지 못한 것일 뿐이라고 애써 생각해본다.

3. 적당한 시간을 유지해야 한다.

깜짝 캠페인으로 대박이 난 브랜드들은 의외성에 계속 의지하려는 경향이 있다. 그러나 의외성 자체가 콘셉트인 브랜드는 금방 진부해진다. 지나치게 매몰되는 것을 경계하자. 의외성은 메인디시가 아니라, 중간중간 풍미를 더해주는 짜릿한 소스다. 나다움과 진정성에 악센트와 리듬을 주는 정도로 활용해야 한다.

세계관의 충돌, 세계관의 확장!
콜라보

나다움을 잃지 않으면서 의외성을 주기 위해 자주 활용되는 전략으로 콜라보가 있다. 2개 이상의 브랜드가 협업하여 새로운 결과물을 만들어내는 콜라보 전략. 너무 광범위하게 활용되어서 이제 웬만한 것으로는 임팩트를 느끼기 어려울 정도다. 몇 년 전 무척 기억에 남았던 어느 그릇 브랜드의 콜라보 사례를 다시 찾아보았는데, 그 후 어찌나 비슷한 콜라보를 많이 했는지 깜짝 놀랐다. 게다가 콜라보도 그저 그릇 표면에 캐릭터를 그려 놓은 것에 불과한 정도라 크게 실망했다.

콜라보라는 말은 원래 뮤지션들 사이에서 쓰이던 말이다. 과거의 우리에게 큰 임팩트를 주었던 조피디와 인순이의 노래 '친구여'가 대표적인 사례다. 접점이 없을 것 같은 뮤지션 두 사람이 같이 부른 이 노래는 당시 큰 관심을 끌었다. 노래가 성공을 거두었을 뿐 아니라, 두 뮤지션들의 팬층도 더 넓어졌다. 뮤지션들의 콜라보 작품이 성공을 거두려면 조건이 있다. 무엇보다도, 각자의 개성이 뚜렷해야 한다. 전혀 다른 목소리와 장르가 섞일 때 시너지는 증폭된다.

브랜드도 마찬가지다. 콜라보가 성공을 거두려면 명확한

나다움이 있어야 한다. 명징한 브랜드 개성과 시각적 요소를 갖고 있는 브랜드만이 콜라보를 할 자격이 있다. 개성 강한 브랜드들이 어색하게 만날 때, 즉 두 개의 전혀 다른 세계관이 충돌할 때 콜라보의 일차적 목적은 달성된다. 세계관의 충돌이 세계관의 확장으로 연결된다면 완전한 성공이다.

그러나 만나는 것만으로는 충분하지 않다. 콜라보의 홍수 속에서 기억에 남는 임팩트를 남기려면, 그 안에 맥락과 스토리가 담겨야 한다. 우연한 만남이 아닌 운명적 만남이어야 한다.

파스타로 유명한 이탈리아 식품 브랜드 바릴라Barilla와 세계 최대 음원 스트리밍 플랫폼 스포티파이Spotify의 만남이 그러했다. 맛있는 파스타를 만들려면, 면을 삶는 시간을 알맞게 맞춰야 한다. 그리고 그 알맞은 시간은 파스타 면의 종류마다 달라진다. 이러한 특징을 활용해 두 브랜드는 '파스타 맞춤 플레이리스트'를 만들었다. 음악이 재생되는 시간과 파스타 면을 삶는 시간을 연결해 만들어낸 플레이리스트. 이 콜라보로 전통 있는 브랜드 바릴라는 지루한 파스타가 얼마나 즐거워질 수 있는지 보여주었고, 스포티파이는 음악이 가진 또 하나의 가능성을 증명할 수 있었다.

우리나라의 콜라보 성공 사례를 이야기하자면, 곰표를 빼놓을 수 없다. 그런데 그 다양한 콜라보의 성공은 단순한 우연이었을까? 그렇지 않다. 곰표의 수많은 콜라보에는 운명적 서사가 존재한다. 리뉴얼 전 곰표를 보자. 곰표는 너무나 일상적이어서 무감각해진 브랜드였다. 게다가 막강한 자본력을 갖춘 대기업 브랜드들을 맨몸으로 상대해야 했다.

그래서 시작된 것이 곰표 브랜드 리뉴얼 프로젝트다. 이 프로젝트를 진행하며 가장 먼저 한 일은 곰표의 브랜드 자산을 재정비하는 것이었다. 무감각한 브랜드라 여겨졌던 곰표지만, 긴 시간 살아남았음은 대단한 업적임이 틀림없다. 그 긴 시간 동안 곰표가 쌓아 올린 가장 중요한 자산은 다음 세 가지였다. 누구나 하나쯤 갖고 있는 곰표와의 추억, 곰표를 생각하면 떠오르는 하얀색, 그리고 곰 그 자체.

이 세 가지 자산이 곰표답게 요리된 것이 리뉴얼 프로젝트의 성공 비결이었다. 프로젝트 팀은 먼저 곰의 외양을 지금의 감성에 맞게 수정했다. 또, 곰표와의 맛있는 추억은 언제까지나 계속된다는 의지를 담아 세계관을 만들어냈다. '즐거운 동반자'가 그것이었다.

그렇게 즐거운 동반자라는 세계관과 하얀색이 만나 세상을 깜짝 놀라게 한 콜라보가 시작되었다. 맥주, 화장품, 패딩 등 곰표와 연관이 없어 보이는 제품과 콜라보가 이루어졌고, 결과는 대성공이었다. 하루아침에 곰표는 무감각해진 브랜드에서 핫한 브랜드로 그 위상이 달라졌다. 전혀 별개의 제품들이지만, 공통되는 서사는 있었다. 브랜드 세계관인 즐거움, 그리고 시각적 상징인 하얀색이다. 즐거움을 주는 하얀색이 곰표의 콜라보 원칙이었다.

자, 이제 곰표의 다음 행보는 무엇일까? 세상을 뒤흔든 의외성으로 어두운 찬장 구석에서 환한 싱크대 위로 올라온 곰표, 부디 의외성에 매몰되지 않기를 바란다. 원래의 세계관인 '즐거운 동반자'라는 가치에 충실하며 성장하기를 응원한다.

왜 우리는 매력을 원하는가? 사람은, 그리고 브랜드는 어울려 살아가야 하는 사회적 존재이기 때문이다. 사회적 존재에게 가장 중요한 일은 내 편을 만드는 것이며, 내 편을 만드는 무기는 매력이다. 모든 것이 브랜드인 시대, 놀라운 자극이 가득한 시대, 나를 기억하게 하고 호감을 갖게 하며 마침내 내 편에 서게 만드는 매력의 힘은 그 무엇보다 중요하다.

우리 브랜드만의 세계관을 만들었는가? 그 세계관의 주인공은 충분히 매력적인가? 그렇다면 그 매력으로 사람들을 끌어모아 브랜드 커뮤니티를 만들 시간이다.

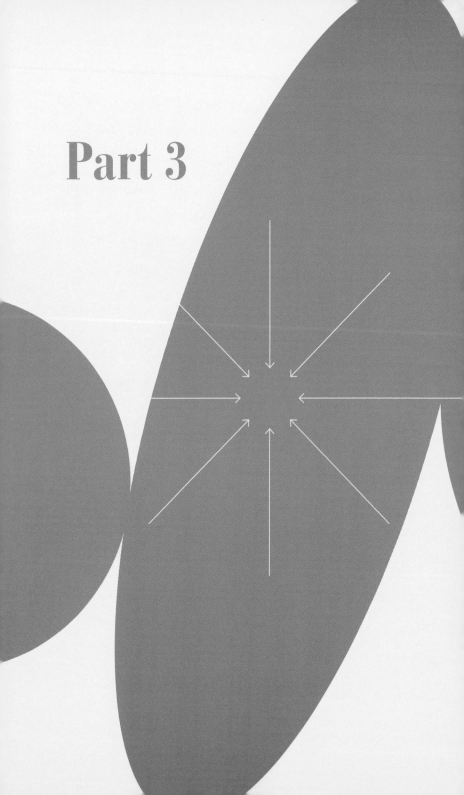

Part 3

브랜드,

세계관을 함께 이루어가다

브랜드 커뮤니티	만들기	키우기	지키기
	연결과 연대 스킨십과 피드백	내어 놓음 선한 영향력 콘텐츠	자부심 정체성 유연함

브랜드와 고객이
브랜드 커뮤니티로 함께할 때 브랜드의 꿈,
즉 브랜드 세계관은 이루어진다.
브랜드 커뮤니티를 만들고, 키우고, 지키는 방법을 소개한다.

함께 이루는
세계관

브랜드 세계관을 함께 이루는 고객들은 브랜드의 동료다.
브랜드 팬덤이 아닌 브랜드 운명 공동체로의
인식 전환이 필요하다.
브랜드 커뮤니티는 내 세계관에 공감하는
소수를 목표로 시작해야 한다.

"내가 그다지 사랑하던 그대여 내 한평생에 차마 그대를 잊을 수 없
소이다. 내 차례에 못 올 사랑인 줄은 알면서도 나 혼자는 꾸준히 생
각하리라. 자, 그러면 내내 어여쁘소서"

- 이상 〈이런 시〉 중에서

누군가의 팬이 되어보지 않으면 팬의 마음, 즉 팬심을 온전히

이해할 수 없다. 그래도 팬심을 이해하고 싶다면, 이상의 〈이런 시〉를 읽어보라고 권한다. 팬심이란 그런 것이다. 대가를 바라지 않으면서 누군가를 응원하고 좋아하며 내내 행복하기를 바라는 마음.

그런데 그런 마음이 브랜드를 향해서도 생길 수 있을까? 브랜드와 고객의 관계가 그저 판매자와 소비자로 머물던 시대가 있었다. 서로의 실익을 따질 뿐인 무감동의 시간이었다. 시간이 흘러, 브랜드는 각성했다. 각박한 시장에서 살아남으려면 고객에게 무형의 감동을 선사해야 한다는 것을 깨달았다. 브랜드는 고객을 사랑하려고 노력했다. 안타깝지만 일방적인 사랑이었다.

그렇지만 놀랍게도 쌍방의 사랑을 주고받는 브랜드들이 존재했다. 스타벅스, 나이키, 애플 같은 브랜드다. 그들은 이미 수많은 고객들과 굳은 관계를 맺고 함께 살아가고 있었다. 마치 슈퍼스타처럼 막강한 팬덤을 거느린 그들을 세상은 팬덤 브랜드라고 불렀다. 그들의 팬들은 여간해서 다른 브랜드에 마음을 주지 않는다. 자신이 좋아하는 브랜드가 내내 어여쁘기만을 바란다.

경영 컨설팅 기업 베인앤드컴퍼니는 기존 고객을 유지하는 비용보다 새로운 고객을 확보하는 데 적게는 5배에서 많게는 25배의 비용이 들며, 기존 고객이 신규 고객보다 67% 더 많은 비용을 지불한다고 발표했다. 그들의 계산에 따르면 고객유지율이 5% 증가하면 수익은 무려 25% 증가한다. 팬덤의 중요성이 숫자로 증명된 것이다.

브랜드가 충성 고객을 넘어 팬덤을 가질 수 있다는 것에 놀란 기업들은 어찌하면 황금알을 낳는 팬덤을 자신들도 가질 수 있을지 고민하게 되었다. 브랜드 팬덤은 지금 시대 브랜드에게 가장 뜨거운 키워드가 되었다. 이른바, 브랜드 팬덤 시대가 열린 것이다.

팬덤에서
커뮤니티로

나는 팬덤이라는 말을 공동체, 즉 커뮤니티로 부르고 싶다.* 지금의 팬덤은 더 이상 수동적인 존재가 아니다. 그 관계 역시 일방적이지 않다. 팬과 팬질의 대상은 서로 영향을 주고받으며 함께 성장한다. 만약 팬이 없다면 팬질의 대상은 의미를 잃어버린다. 그리고 팬들의 활동력에 따라 그 대상의 운명이 결정된다. 팬덤은 하나의 커뮤니티를 이룬다.

인터브랜드 글로벌 전략 디렉터 맨프레디 리카의 말이다. "현시대의 위대한 브랜드는 사람들을 하나로 모으고, 동일한 목표를 가진 움직임을 만들어낸다." 그의 말은 왜 브랜드가 커뮤니티를 만들어야 하는지를 설명한다. 많은 사람들이 함께할수록 움직임은 커진다. 움직임이 커진다는 것은 브랜드의 영향력과 생명력이 커진다는 뜻이며, 나아가 브랜드 세계관이 실현될 수 있다는 뜻이다.

많은 기업에서 브랜드 팬덤을 어떻게 만들 수 있는지 문의한다. 애플 같은 팬덤을 만들어달라고 요청한다. 순서가 틀렸다. 사람들을 끌어모으는 것보다 공감할 수 있는 세계관을 만드는 것이 우선이다. 그래서 나는 팬덤을 만들고자 하는 기업들의 의도가 안타깝다. 고객을 수단으로 여긴다면 팬덤을 만들지 못한다. 브랜드만 고객을 수단으로 여기는 것이 아니다. 고객도 그러한 브랜드는 수단으로 대한다. 더 가성비 좋은 브랜드가 나

★ 본 챕터에서 '커뮤니티'는 '브랜드 커뮤니티'를 일컫는 것으로 '브랜드 팬덤'에서 발전된 개념이다. 브랜드 팬덤이 브랜드와 팬들을 이분하는 명칭인 반면, 브랜드 커뮤니티는 브랜드와 팬들이 같은 목표를 향해 간다는 적극적인 의미가 담겨 있다. 여기서 말하는 커뮤니티는 단순한 동호회를 이르는 말이 아님을 밝힌다. '브랜드 공동체'라고 명명하는 것이 더 직관적이지만, 이 용어를 적용했을 때 어색한 맥락이 종종 있어 '브랜드 커뮤니티' 또는 '커뮤니티'라고 지칭하기로 한다. 그러나 '팬덤' 또는 '공동체'를 쓰는 것이 더 어울리는 맥락에서는 유사한 의미로 함께 사용하기로 한다.

타난다면 언제든 발길을 돌리고 만다.

　브랜드의 세계에 사람들을 초대하자. 그리고 그 세계에 머물게 하자. 팬덤이 아닌 동료를 모으자. 나의 세계관에 공감하는 사람들, 내가 추구하는 변화에 기꺼이 동참하는 사람들이 내 동료다. 사람들의 마음을 움직이는 것은 결국 브랜드가 전하는 메시지다. 브랜드 세계관이 바탕이 된 강렬한 메시지가 내 삶의 한 부분이 될 때, 비로소 의미 있는 관계가 시작된다.

커다란 눈덩이의 시작,
작고 단단한 커뮤니티

브랜드 커뮤니티는 클수록 좋다. 그렇지만 더 중요한 것은 단단함이다. 크고 느슨한 커뮤니티보다 작아도 단단한 커뮤니티가 지속 가능성이 크다. 크기가 아닌 결속력이 건강한 커뮤니티의 기준이 되어야 한다. 눈사람을 만들기 위해 눈덩이를 뭉쳤던 기억을 떠올려보자. 누구나 눈을 뭉칠 때는 꼭꼭 다지기부터 시작한다. 단단한 핵이 있어야 커다란 눈덩이를 만들 수가 있다. 내실 없이 크게만 뭉친 눈덩이는 작은 충격에도 스르르 흩어지고 만다.

미국의 코미디언 빌 코스비Bill Cosby는 이렇게 말한다. "나는 성공의 열쇠가 무엇인지 모른다. 그러나 실패의 열쇠가 무엇인지는 알고 있다. 모든 사람을 만족시키려고 하는 것이다." 처음부터 크기에 집착하면 안 된다. 많은 사람들에게 선택받기 위해 나다움을 놓치는 것만큼 어리석은 일은 없다. 나답지 않으면 아무도 나를 좋아하지 않는다.

코스메틱 브랜드 이솝은 세계 어느 도시든 전형적인 이솝 스타일의 사람들은 2%에서 5%에 불과하다고 말한다. 그러나 특유의 이솝다움은 그런 비주류들이 있기에 존재할 수 있다.

엄청나게 큰 숲도 한 그루의 나무에서 시작했다. 아무리 큰 플랫폼이라도 시작은 한 명의 회원이다. 한 그루의 나무가 튼실하게 자라서 주변에 씨를 퍼뜨려야 한다. 그만큼의 시간과 정성은 필요하다. 그 한 그루 나무의 소중함을 깊이 알아야 한다.

시간이 걸리더라도 나만의 세계관에 공감하는 진짜 동료들을 찾고, 그들을 진심으로 대하는 것이 중요하다. 스타벅스의 창업자인 하워드 슐츠Howard Schultz는 비즈니스 성공의 비결로 가까운 사람에게 잘하는 것을 꼽았다. 가까운 사람에게 잘할 때 훌륭한 인재들이 몰려든다는 것이다. 이는 고객과의 관계에서도 유효하다. 나를 좋아해주는 한 명의 고객에게 잘할 때 더 많은 고객들을 얻을 수 있다. 그 한 명의 고객이 큰 눈덩이를 만들어줄 단단한 핵이 된다.

팬질은 본래 외로운 법이다. 내 취향을 이해하고 존중하는 사람을 어디서든 만날 수 있다면 더 이상 팬질이라 부를 수 없다.

처음부터 매스 브랜드이면서 팬덤 브랜드가 되겠다는 것은 따뜻한 아이스 아메리카노와 같은 모순적인 이야기다. 그러니, 그저 내 세계관을 믿고 세상을 바꾸어 나가는 데 집중하자. 브랜드 팬덤 또는 브랜드 커뮤니티는 그 대가로 자연스럽게 얻게 되는 것이다.

고객을 수단으로 여긴다면

팬덤을 만들지 못한다. 브랜드만 고객을

수단으로 여기는 것이 아니다.

고객도 그러한 브랜드는 수단으로 대한다.

더 가성비 좋은 브랜드가 나타난다면

언제든 발길을 돌리고 만다.

브랜드의 세계에 사람들을 초대하자.

그리고 그 세계에 머물게 하자.

팬덤이 아닌 동료를 모으자.

브랜드와 소비자,
경계는 없다

팬은 가장 중요한 고객, 엄중한 비판자, 그리고 동업자다.
고객을 공동 개발자로 존중해야 한다.
고객과의 투명한 브랜드 공유가 필요하다.

새로운 세계를 탐험하고 신기한 문명을 발견하며 우주를 향해 하는 우주선 엔터프라이즈호의 이야기, 1966년에 시작해 지금까지도 방송되고 있는 NBC의 SF 시리즈 〈스타트렉〉이다. 치열한 미디어 경쟁 속에서 수십 년의 생명을 이어왔다는 것은 그만큼 팬층이 두텁다는 뜻이리라. 미디어 학자 헨리 젠킨스Henry Jenkins는 오랜 시간에 걸쳐 〈스타트렉〉의 팬덤을 분석한 후 그들의 특징을 다음과 같이 기술했다.

> 팬들은 특별한 수용 양식을 갖는다. 집중해서 반복하고 또 반복한
> 다. 그리고 감정적 가까움과 비판적 태도를 동시에 갖는다. 또한,
> 자신들의 의견을 적극 표현하고 팬의 권리를 주장한다. 마지막으
> 로, 스스로의 방법대로 가공한 2차 창작물을 커뮤니티 안에서 공유
> 한다.

팬덤 문화에 익숙하지 않은 사람들은 팬과 '무조건'이라는 단어
를 쉽게 연결한다. 굿즈에 수백만 원을 소비하고 뮤지컬 N차
관람을 당연하게 생각하는 팬들이니 무조건 스타에 열광하고
순종하고 지지할 것이라고 간주한다.

그렇지만, 틀렸다. 혹시라도 팬질의 대상이 잘못된 결정을
한다면 팬들은 그 결정을 철회할 때까지 소리 높여 항의한다.
새로운 팬을 모으는 데만 신경을 쓴 나머지, 이미 팬이 되어버
린 사람들을 소홀히 취급하는 것은 참지 못한다. 그러면서도 포
토샵과 영상 기술을 익혀 2차 창작물을 생산하고 팬 계정에 올
린다. 그들은 가장 중요한 고객인 동시에, 냉혹하고 엄중한 비
판자이며, 브랜드 커뮤니티를 키우기 위해 꼭 필요한 동업자다.

아이돌 팬들은 스스로를 '맘'이라고 지칭한다. 추종하는 사

람이 아니라 직접 키워주는 사람이라는 의미다. 음악 플랫폼 순위와 음반 판매량으로 가수의 몸값을 판단하는 시대에, 팬들이 자신들을 맘이라고 부르는 것은 영 틀린 말이 아니다.

더 적극적인 팬덤 개입도 가능하다. 〈프로듀스 101〉로 대표되는 투표형 아이돌 선발 시스템이 그 예다. 〈프로듀스 101〉 자체는 비극으로 끝났지만, 팬들이 직접 아이돌 그룹을 만드는 시스템의 위대함은 고스란히 증명되었다. 이후 동일한 시스템으로 수많은 아이돌 그룹이 탄생했다. 이러한 과정을 거쳐 결성된 아이돌 그룹을 향한 팬들의 충성심은 어마어마하다. 자기 창작물에 애정을 가지는 것은 사람들의 본능이다.

100% 시청자 투표로 팀이 꾸려지는 아이돌 론칭 시스템은 아이돌 문화의 변곡점이 되었다. 여기에는 두 가지 의미가 있다. 첫 번째는 아이돌의 가장 중요한 자질이 팬을 모으는 능력임을 확인했다는 점, 두 번째는 팬이 아이돌을 소비하는 입장이 아니라 스스로 아이돌을 만들어내는 기획자의 입장이 될 수 있다는 것이다. 이것은 아이돌 문화를 떠나 한 시대의 변화를 상징하며, 이 변화는 브랜드에도 똑같이 적용될 수 있다.

기업이 기획하고 제작해서 소비자가 일방적으로 구매하던 일방향 시대는 끝났다. 이제 브랜드는 무한한 쌍방향, 다자간 커뮤니케이션의 시대에 살고 있다. 유튜브, 틱톡, 트위치 같은 플랫폼 브랜드들이나 에어비앤비, 우버 같은 공유 브랜드들을 생각해보자. 어디까지가 브랜드이고 어디까지가 소비자인가? 브랜드와 소비자의 경계는 점점 흐려진다.

소비자는 더 이상 갑자기 출몰할 영웅을 기다리지 않는다. 공동 창조Co-creating의 시대, 함께 영웅을 만들어가기를 기대한다. 소비자가 참여하지 않는 브랜드가 아이코닉한 브랜드로 우뚝 서기는 힘들다.

고객이 아닌
공동 개발자

영국의 유아식 브랜드, 엘라스키친Ella's Kitchen은 2006년 론칭 이후 15년 만에 쟁쟁한 글로벌 브랜드들을 제치고 가공 이유식 부문 시장점유율 선두를 차지했다. 전통 있는 브랜드를 선호하는 영국에서는 매우 이례적인 일이었다. 특히 신뢰가 중요한 식품업계는 새로운 강자가 탄생하기 어려운 시장이다.

엘라스키친이 급성장하게 된 이유는 명확하다. 부모가 원하는 제품, 부모가 원하는 제형, 부모가 원하는 패키지를 생신했기 때문이다. 그렇다면 어떻게 엘라스키친은 부모의 마음을 정확하게 읽을 수 있었을까?

영국 소녀 엘라는 편식이 심했다. 엘라에게 건강한 식습관을 심어주고 싶었던 아빠 폴 린들리Paul Lindley는 영양학자, 아동심리학자들과 함께 100% 유기농 유아식 브랜드 엘라스키친을 만든다.

평범한 이야기다. 어느 브랜드도 이 정도의 브랜드 스토리는 갖고 있다. 그런데 엘라스키친이 특별해진 이유는 영양학자와 아동심리학자 외에 존재했던 공동 개발자 그룹 덕분이다. 그들은 바로 아이의 먹거리에 관심이 많은 300명의 엄마들이었다.

엘라스키친은 온라인에 300명 엄마들의 커뮤니티를 만들고, 함께 아이의 먹거리를 이야기하는 것으로 브랜드를 시작했다. 엄마들끼리 자연스럽게 소통할 수 있도록 감정적 유대감이 있는 커뮤니티를 만드는 데 우선 집중했다. 그들은 소소한 일상을 나누고 육아의 어려움을 위로했다. 단순히 기업용 커뮤니티가 아니라, 엄마들이 서로를 의지할 수 있는 커뮤니티로 자리 잡게 되었다.

엘라스키친은 이 커뮤니티를 자신들 마음대로 주도하지 않았다. 그렇다고 정체를 숨기지도 않았다. "아이에게 간식을 먹일 때 힘든 점이 무엇인가요?", "아이가 어떤 간식을 제일 좋아하나요?", "여행 갈 때 꼭 챙기는 간식은 무엇인가요?" 이런 질문들을 게시판에 올리고 답을 기다렸다. 엄마들은 이 질문들에 진솔하게 댓글을 달았다. 아이에게 간식 먹이는 모습을 직접 동영상으로 찍어 올리는 엄마들도 있었다.

엘라스키친은 제품 기획부터, 시제품, 패키지에 이르기까지 모두 커뮤니티와 의논을 거쳐 결정한다. 아기들이 쉽게 쥐고 먹을 수 있는 패키지, 생동감 넘치는 그래픽 디자인도 커뮤니티의 의견을 반영한 결과다. 커뮤니티는 엘라스키친의 핵심 고객인 동시에 공동 개발자다. 그들은 자신의 아이디어가 제품이 된다는 사실에 자부심을 느낀다.

우리나라 브랜드에 이 사례를 소개하면 종종 "우리도 비슷한 커뮤니티를 운영합니다"라는 답변이 돌아온다. 그러나 막상 커뮤니티를 들어가 보면 홍보성 글이 몇 개 있을 뿐 멤버들이 자발적으로 올리는 글은 찾아볼 수 없다. 브랜드가 커뮤니티를 운영하는 목적이 너무나 투명하기 때문이다. 브랜드 홍보를 위한 수단, 아무도 그 이상으로 생각하지 않는다.

진정한 커뮤니티가 되기 위한 첫걸음은 무엇일까? 브랜드의 입장이 아닌 고객의 입장이 우선되어야 한다. 고객들을 공동 개발자로 존중하는 마음이다. 이럴 때만이 진정한 커뮤니티가 될 수 있다.

브랜드 커뮤니티를 공동 개발자로 여기는 좋은 사례 중 하나가 레고다. 원래 레고는 형형색색의 발랄해 보이는 제품들과 달리 "우리가 요구하지 않은 아이디어는 수용하지 않습니다"라는 공식 입장을 냈을 정도로 꽉 막혀 있는 브랜드였다. 그랬던 레고가 "우리의 혁신은 고객 커뮤니티로부터 출발합니다"라며 태도를 바꾸었다.

어린이들의 장난감이 어마어마한 규모의 성인 커뮤니티를 거느린 브랜드가 되기까지는 열정적인 레고 팬들의 아이디어 공유가 있었다. 레고는 지금도 AFOL^{Adult Fans of Lego}이라 불리는 커뮤니티와 끈끈하게 협력하고 있으며, 더 나아가 AFOL TV 유튜브 채널을 운영하고 있다.

폐쇄에는 정체와 후퇴가 따른다. 공유와 개방에는 변화와 혁신이 따른다. 특히 지금처럼 모든 것이 서로 연결되고 금방 진부해지는 시대에는 더욱 그렇다. 브랜드는 소비자와 공유되어야 하고 그 모든 과정이 개방되어야 한다.

이것은 시대의 감성과 열망을 따라잡기 위한 길이기도 하고, 궁극적으로 지속 가능한 생명력의 비밀이기도 하다. 브랜드들은 그들의 세계관에 사람들을 초대하여 여정을 함께해야 한다.

관심 있는 사람을 고객이 되게 하고, 그 고객이 팬이 되게 하며, 팬이 공동 개발자까지 이르도록 하는 길, 그래서 브랜드 세계관을 함께 이루어 나가는 진정한 브랜드 커뮤니티를 이루는 길, 그것이 바로 브랜드가 걸어야 할 길이다.

시작, 연결에서 연대로

→ 약한 개인이 연결되면 강한 힘이 된다.
→ 비슷한 사람과 연결되어야 편안함을 느낄 수 있다.
→ 같은 목표를 향할 때 진정한 연결이 가능하다.

1996년, 처음으로 브랜드 서적 번역에 참여했다. 데이비드 아커의 《Building Strong Brand(강력한 브랜드의 구축)》라는 책이었다. 저자는 이 책에서 '브랜드 자산'의 개념을 소개하며, 브랜드 충성도Brand Loyalty의 사례로 모터사이클 브랜드인 할리데이비슨을 언급했다. 브랜드 충성도가 강한 일부 고객들은 브랜드 로고를 '타투한다'는 설명이었다. 당시에 나는 할리데이비슨이라는 브랜드를 몰랐다. 타투를 어떻게 해석할지 고민하다가, 글자 그대로 문신으로 번역했다. 그런데 내 번역을 본 선배가 틀렸다고 지적하며, 타투는 비유일 뿐 마음속에 깊이 새긴다는 의미라고 이야기했다. 약간의 옥신각신 끝에 문신으로 해석되어 발간이 되었지만, 확신은 없었다. 그러나 역시 내 주장이 맞았다. 할리 데이비슨 라이더들은 마음은 물론 몸에도 브랜드를 새긴다. 마오리족이 가족, 부족, 신분 등을 표시하기 위해 그들의 몸에 타투를 한 것처럼.

어떻게 브랜드 커뮤니티를 만들 것인가? 이를 알려면 먼저 다음 질문에 분명한 답을 해야만 한다. 첫째, 왜 사람들은 서로 연결되기를 원하는가? 둘째, 사람들은 누구와 연결되고 싶어 하는가? 셋째, 사람들은 언제 연결되었다고 느끼는가? 이것이 커뮤니티 구축의 시작이다.

왜
연결되기를 원하는가?

간단하다. 인간은 무리를 지어 살도록 설계된 사회적 동물이다. 동물인 인간은 강하지 않다. 위협적인 무기를 장착하지 못한 연약한 생명체다. 사자 같은 최상위 포식자도 무리 생활을 하는데, 인간이 무리를 짓지 않으면 매 순간 생명의 위협을 느낄 수밖에 없다.

1943년에 발표되었지만, 아직도 유효한 매슬로의 욕구 단계 이론을 보자. 생리적 욕구와 안전의 욕구처럼 생존과 밀접한 욕구가 채워진다면, 그다음에 채우길 원하는 욕구는 무엇일까? 사랑과 소속의 욕구Love & Belonging다. 이것이 채워져야 인정 욕구와 자아실현 욕구로 넘어갈 수 있다.

이처럼 소속감은 인간의 가장 원초적인 욕구다. 인간은 자신이 속한 무리에서 사회적 지지, 정서적 안정감, 상호작용을 경험해야 만족감을 느낄 수 있는 존재다. 하루 종일 휴대폰에 빠져 사는 것처럼 보이지만, 사실 우리는 그 휴대폰으로 다양한 사람들과 교류 중이다. 브랜드 커뮤니티 역시 본질은 강한 연결이다. 한 명 한 명은 약하지만 연결되고 결합하면 힘이 된다.

누구와
연결되기를 원하는가?

무리가 크고 강할수록 그 안에 속한 개체가 안정감을 느끼는 것은 당연하다. 그래서 우리는 크고 강한 무리에 소속되고 싶어 한다. 누구나 좋은 학교, 좋은 직장을 원하지 않는가? 무리의 힘이 곧 나의 힘이 된다. 즉, 생존을 위한 소속이다.

그러나 현대인은 생존만을 위해 살지 않는다. 정서적 안정을 위한 무리 역시 필요하다. 어떤 사람들과 연결되면 정서적 안정을 느낄 수 있을까? 심연을 들여다보면 '편안함'이 핵심이다. 아무리 크고 강한 무리에 속해 있어도 우리는 모두 외롭다. 사람들은 자신의 감정을 공유하고 이해받기를 원한다. 자신의 감정을 이해받지 못하면 서로 연결되어 있어도 혼자라고 느낄 수밖에 없다.

언제 편안함을 느끼는가? 비슷한 사람끼리 있을 때다. 나와 비슷하다는 것은, 믿을 수 있고 예측할 수 있다는 의미다. 우리는 그런 사람들을 잘 통하는 사람, 잘 맞는 사람이라고 표현한다. 비슷한 사람에게 마음이 끌리는 현상은 심리학자 레온 페스팅거Leon Festinger가 제시한 사회비교이론으로도 증명된다. 그는 이 이론에서 '유사성에 대한 욕구'를 주장한다. 그의 주장에 따르면, 사람들은 여러 면에서 자기와 비슷하다고 생각되는 사람들과 스스로를 끊임없이 비교한다. 차이가 발견되면 타인을 나와 더 비슷하게 바꾸려고 노력한다. 동시에 자신도 타인과 더 비슷해지기 위해 변해간다. 그래서 나와 차이가 큰 사람과의 관계는 피곤하고 힘들며, 차이가 작을수록 편안함을 느낀다.

그러므로, 커뮤니티를 갖고 싶은 브랜드라면 반드시 브랜드 페르소나가 명확해야 한다. 그래야 비슷한 페르소나를 가진 사람들이 브랜드를 중심으로 모여들 수가 있다. 취향, 철학, 라이프스타일…… 그 브랜드만의 차별화된 페르소나가 브랜드 커뮤니티의 페르소나를 결정한다. 아무리 커뮤니티가 커도 비슷한 결의 사람들이 모이면 그 커뮤니티는 단단하다. 커뮤니티가 작다고 단단한 것도 아니고 크다고 느슨한 것도 아니다. 커뮤니티의 단단함은 크기로 결정되는 것이 아니다. 그 안에서 얼마나 편안한가, 얼마나 소속감을 느끼는가에 의해 결정된다.

언제
연결되었다고 느끼는가?

많은 브랜드들이 멤버십 프로그램과 리워드 제도를 운용한다. 브랜드들은 멤버십 프로그램이 커뮤니티로 발전할 수 있지 않을까 희망한다. 그러나 그런 일은 거의 일어나지 않는다. 멤버십 프로그램의 목표가 오직 브랜드에만 있으면서, 멤버라는 이름을 부여하는 것만으로는 충분치 않다.

진정한 연결은 같은 목표를 공유할 때 가능하다. 그저 함께 있는 것만으로는 불가능하다. 같은 곳을 바라보고 나아갈 때만 진정한 연대가 가능하다. 한 사람 한 사람이 모여 공통의 가치를 지지하고 열광하게 만드는 힘, 연대감. 연대감의 사전적 의미는 '한 덩어리로 서로 연결되어 있음을 느끼는 마음'이다. 잇닿을 '연連'과 띠 '대帶' 즉, 같은 띠를 붙잡고 있다는 뜻이다. 그러므로 브랜드가 해야 할 일은 고객들에게 함께 존재할 수 있는 공통된 목표를 만들어주는 것이다.

동참하고 싶은
브랜드

SNS에 맥도날드 버거는 올리지 않지만, 임파서블 버거 시식기는 올린다. 맥도날드 버거는 평범한 일상이지만, 임파서블 버거는 특별한 경험이기 때문이다. 무엇이 임파서블 버거를 특별한 경험으로 만들까? 임파서블 버거는 미국의 대체육 업체 임파서블 푸드가 만든 100% 식물성 패티 버거다. 표면적으로는 육류 패티가 들어있지 않은 식물성 버거라는 점이 그 특별함의 이유다. 그러나 한층 더 들어가면 지속 가능한 지구를 위해 육류 소비를 줄이는 데 동참하고 있다는 연대감이 있다.

임파서블 버거의 브랜드 소개 영상은 환경 이야기로 시작한다. 소고기로 만든 버거가 아닌 임파서블 버거를 먹는 것만으로 10분 동안 샤워할 수 있는 물을 아끼는 효과와, 약 29km 운전으로 배출되는 가스를 상쇄하는 효과가 있다고 설명한다. 햄버거를 먹는 것은 일상이고, 햄버거를 좋아하는 것은 취향이다. 하지만 임파서블 버거를 좋아하는 것은 메시지다. 이것이 임파서블 버거의 팬을 만드는 원동력이다.

그러나 이것이 끝이 아니다. 그 목표를 함께 실현하기 위한 역할이 주어져야 한다. 소극적으로는 선플을 달아주는 것부터, 적극적으로는 보다 나은 아이디어를 제안하는 것까지 브랜드 팬들의 역할은 다양하다. 단순한 해시태그도 연대의 인증이 될 수 있다. #BlackLivesMatter를 해시태그하며 지구 곳곳의 사람들이 느꼈던 연대감을 상기해보자.

그리고 이 모든 과정에는 진심 어린 이해와 존중, 끊임없는 상호작용이 전제되어야 한다. 블루보틀은 한국에 매장을 열기 전부터 이미 팬들을 보유하고 있었다. 한국에 매장을 열어야 한다고 블루보틀 본사에 메일을 보내는 팬들도 있었다. 드디어 그들의 행동이 결실을 맺은 성수 매장 오픈 날, 창업자 제임스 프리먼James Freeman과 CEO 브라이언 미한Bryan Meehan은 직접 성수 매장을 찾아 핸드드립 커피를 내리며 팬들과 대화를 나누고 함께 사진을 찍었다.

모든 브랜드가 저마다의 세계관을 그리는 지금, 브랜드의 메시지는 익명의 다수를 한데 모아 같은 곳을 바라보게 한다. 예쁜 멤버십 카드를 나누어주는 것보다 더 중요하고 효과적인 것은 의미 있는 목표를 공유하게 하는 것, 그 목표에 참여하게 하는 것이다. 그리고 그 모든 과정에 진심이 있어야 함을 잊지 말자.

브랜드 컨설팅 그룹 인터브랜드는 모든 사람들이 네 가지의 기본적인 욕구를 갖고 있다고 주장한다. 누구나 편하게 살고 싶고, 주도적으로 살고 싶으며, 멋지고 재미있게 살고 싶어 한다(Comfort, Power, Attraction, Play). 이러한 기본 욕구는 사람들이 왜 커뮤니티에 소속되고 싶어 하는지, 그리고 그 커뮤니티를 어떻게 유지해야 할지를 집약적으로 알려준다.

사람들은 비슷한 사람들과 어울려 편안함을 느끼고 싶어 한다. 같은 목표를 향하는 사람들 사이에서 영향력을 행사하고 싶어 한다. 그 활동으로 스스로가 더 멋진 사람으로 보이고 싶어 한다. 그리고 그 안에서 즐거움과 재미를 찾는다. 이것이 브랜드 커뮤니티의 시작, 연결의 비밀이다.

블루보틀은 한국에 매장을
열기 전부터 이미 팬들을 보유하고 있었다.
한국에 매장을 열어야 한다고 블루보틀 본사에
메일을 보내는 팬들도 있었다. 드디어
그들의 행동이 결실을 맺은 성수 매장 오픈 날,
창업자 제임스 프리먼James Freeman과
CEO 브라이언 미한Bryan Meehan은 직접 성수 매장을
찾아 핸드드립 커피를 내리며 팬들과
대화를 나누고 함께 사진을 찍었다.

브랜드 커뮤니티 만들기

스킨십 그리고 피드백

→ 팬들의 열정을 유지하고 코어팬을 생성하려면
　 스킨십이 필요하다.
→ 스킨십으로 얻는 고객의 피드백에 귀를 기울여라.
→ 피드백은 애자일 프로세스를 가능하게 하는 열쇠다.

대한민국 국민이라면 가수 이적이 작곡한 노래 한두 개 정도는 흥얼거린다. 그의 콘서트 소식은 코어 팬덤뿐 아니라 잔잔한 감성을 좋아하는 일반 사람들에게도 관심거리다. 그런데도 그는 데뷔 후 30년이 가까워지는 지금까지 소극장 공연을 고집한다. "뮤지션의 호흡소리까지 느낄 수 있는 익숙하고 아담한 공연장, 팬들의 표정과 눈빛으로 일일이 소통 가능한 무대가 좋다." 이

적은 소극장 콘서트를 하는 이유를 이렇게 밝힌다.

2세대 아이돌 그룹인 인피니트도 인기 최전성기에 1천석 규모의 소극장 공연을 격년으로 진행하며, 최고의 커리어를 남겼다. 얼마나 큰 공연장에서 공연을 했는지가 인기의 척도로 여겨지는 아이돌 업계에서 매우 이례적인 행보였다. 그들이 이익을 포기하고 소극장 콘서트를 했던 이유는 단 하나다. 팬들과 더 가까이에서 소통하기 위해서.

화면을 통해야만 만날 수 있는 배우와 공연으로 자주 만날 수 있는 가수, 누구의 팬덤이 더 뜨거울까? 일반적으로 가수의 팬덤이 더 뜨겁다. 해외 스포츠단과 국내 스포츠단의 팬덤을 비교해도 국내 스포츠단의 팬덤이 더 뜨겁다. 왜 그럴까? 잦은 만남으로 쌓이는 유대감, 즉 스킨십 때문이다. 같은 곳에서, 같은 숨을 쉬며, 같은 감정을 나누는 경험. 그보다 더 강렬한 것은 없다. 스킨십은 배신하기 힘든 낙인을 남긴다.

라이트팬을
코어팬으로

이렇듯, 팬들의 열정을 유지하기 위해서 스킨십은 꼭 필요하다.

그런데 그보다 더 중요한 역할이 있다. 호감 정도만 갖고 있던 라이트팬을 코어팬으로 변화시키는 결정적 계기가 된다.

소유효과Endowment Effect라는 말이 있다. 행동경제학자 리처드 탈러Richard H. Thaler가 발표한 이론으로, 내가 가진 물건에 높은 가치를 부여하는 심리를 일컫는다. 그런데 많은 심리학자들은 단지 만지는 것만으로도 내가 그것을 소유한 것 같은 감정이 생길 수 있다고 주장한다. 즉, 스킨십은 고객의 마음속에 내 브랜드의 존재감을 깊이 심는 중요한 행위다.

스킨십이 브랜드 커뮤니티를 만든다는 것을 증명한 대표적 브랜드가 요가복 브랜드 룰루레몬이다. 요가 스튜디오에서 시작된 룰루레몬은 요가복 판매를 넘어 무료 요가, 러닝, 댄스 등 다양한 프로그램을 운영하여 소비자가 직접 제품을 경험해보도록 유도함으로써 성공을 거두었다. 완성차 브랜드들이 드라이빙 스쿨을 운영하는 이유도 마찬가지다. 운전하는 재미를 온몸으로 체험하면 그 브랜드를 향한 충성도는 높아진다.

듣고, 행한다

브랜드를 하나의 생태계로 보았을 때, 고객은 아주 중요한 구성원이다. 건강한 생태계란 무엇인가? 구성원들의 다양한 상호작용으로 에너지 흐름과 순환이 균형을 이루는 상태다. 상생의 스킨십이 되기 위해서는 브랜드를 체험하게 하는 것만으로 충분하지 않다. 고객의 의견이 우리 브랜드에 반영되어야 한다. 이것이 피드백이다.

"늘 고객 곁에 있어라. 세상이 어떻게 변하는지 이해하라. 다음 세대들이 무엇을 원하고 찾는지 파악하라." 가장 혁신적인 기업으로 꼽히는 그릭요거트 브랜드 초바니는 이렇게 말한다. 왜 고객들과 스킨십을 해야 하는지, 왜 그들의 피드백을 중요하게 다루어야 하는지, 이 한마디에 모두 담겨 있다. 다음 세대들이 원하는 것이 곧 내일의 세상이라는 초바니, 이 브랜드는 기발한 제안을 퍼붓는 열렬한 커뮤니티로 유명하다. 그래서 초바니는 스스로를 디지털 네이티브 컴퍼니라고 지칭한다. 또한 '인스피레이션&인큐베이션 센터'라고 부르는 플래그숍에서 기회가 있을 때마다 고객들과 진솔한 대화를 나누며, 신메뉴를 테스트한다. 본사 직원들은 반드시 격주로 현장에 나가야 한다. 이 커뮤니티는 매우 활성화되어 있어서, 수많은 새로운 맛들이 커뮤니티의 제안으로부터 시작되었다. 초바니는 커뮤니티의 제안을 매우 효과적으로 활용하고, 고객과 매우 가까운 관계를 맺고 있다.

고객 곁에서 귀를 기울이라는 조언은 또 다른 브랜드를 생각나게 한다. 2011년 론칭한 프랑스의 의류 브랜드 '아미'다. 초기의 아미는 오프라인 매장을 내는 특별한 원칙이 있었다. 본사 소속 디자이너들이 직접 찾아갈 수 있는 장소에만 매장을 여는 것이었다. 창업자 알렉산드르 마티우시Alexandre Mattiussi는 그 이유를 고객의 피드백을 디자인에 반영하기 위해서라고 설명했다. 매스티지 브랜드임에도 고객과의 스킨십과 피드백을 중요하게 생각했던 아미는, 컬렉션과 룩북의 모델들도 주변 친구들이나 길거리 캐스팅으로 선정했다. 멀리서 빛나는 존재가 아닌, 손 닿을 듯 가까운 브랜드로 여겨지고 싶어서였다.

함께
만들어가는 과정

그렇다고 고객이 항상 좋은 이야기만 해주는 것은 아니다. 브랜드 커뮤니티는 핵심 고객인 동시에 엄중한 감시자다. 문제가 발견될 때는 가차 없이 비판을 가하고 피드백을 요구한다.

사실 아이돌 팬덤 문화에서 피드백이란 비판에 대한 답변 및 이에 따른 변화를 뜻한다. 건강을 해칠 정도의 무리한 스케

줄, 성 감수성이 의심되는 타이틀 곡, 19금 웹툰 기반 드라마 출연…… 팬덤의 피드백 요청으로 소속사가 결정을 번복한 사례들이다. 공식적 피드백을 요구하는 질의서를 보내거나 팬덤의 이름으로 성명을 발표하기도 한다. 팬들의 눈 하나하나가 옴부즈맨 역할을 하고 있는 셈이다.

맥도날드도 비슷한 경험을 했다. 해피밀의 사은품으로 제공되는 플라스틱 장난감이 환경오염을 일으킨다는 이유로 해피밀 출시 반대 운동이 일어났다. 9세, 7세에 불과한 영국의 자매가 시작한 이 반대 운동에 34만 명 이상의 사람들이 지지 의사를 밝혔다. 그 결과 맥도날드는 지속 가능한 장난감 개발을 위한 별도의 팀을 구성하기에 이르렀다.

미국을 대표하는 캐주얼 의류 브랜드, 아메리칸이글의 채드 케슬러Chad Kessler 글로벌 브랜드 회장은 "이제 우리 임무는 고객에게 목소리를 빌려주고, 그들의 메시지를 증폭시켜 주는 것뿐이다"라고 말한 바 있다. 모든 것의 주기가 극도로 짧아지는 요즘, 고객의 니즈를 선도하는 것은 고사하고 급변하는 니즈에 빠르게 부합하기도 힘든 환경이다. 이러한 이유로 애자일 프로세스Agile Process가 전통적 업무 방식인 워터폴 프로세스Waterfall Process를 대체하고 있다.

애자일 프로세스란 처음부터 완벽한 결과물을 내놓기보다

빠르게 시제품을 출시하고 고객의 피드백을 바탕으로 수정을 반복하며 점점 더 나은 결과를 만들어 나가는 업무 방식을 말한다. 핵심은 피드백이다. 애자일 프로세스가 성공하려면 고객의 피드백을 수용하려는 열린 마음이 필요하다. "더 많이 들어라. 더 적게 이야기하라. 때가 오면 과감하라." 마이크로소프트 CEO, 사티아 나델라Satya Nadella의 말을 기억하자.

애자일 프로세스가 최적화된 분야는 빠른 수정이 가능한 디지털 비즈니스다. 하지만 고객이 있는 비즈니스라면 그 분야가 무엇이든 애자일 프로세스 마인드가 내재되어야 한다.

그 예가 LG전자의 국내형 잔디깎이 로봇이다. LG전자는 정식으로 로봇을 출시하기 전에 '고객과 함께 개척해나간다'는 취지의 베타 테스트를 진행했다. 베타 테스트는 정식 출시 이전에 일부 사용자를 대상으로 기능 및 결함 여부를 테스트하는 과정이다. 게임이나 IT업계에서 주로 활용하는데, 전통적 대기업 LG전자가 이와 같은 방식을 채택한 점이 신선하다. 국내 환경에 최적화된 잔디깎이 로봇이 탄생할 수 있었던 데는 이 과정에 참여한 잠재 고객들의 도움이 컸다. 그들은 사용 경험뿐 아니라 잔디 종류, 잔디의 특성, 정원의 크기와 모양에 대한 데이터를 적극 제공했다. 우리나라 실정에 딱 맞는 잔디깎이 로봇을 누구보다 열렬하게 기대한 사람들이었기 때문이다.

유발 하라리가 쓴 《사피엔스》에는 이런 대목이 있다.

최고의 지위를 원하는 침팬지들은 다른 침팬지를 껴안고 등을 두드리고 아기침팬지에게 입을 맞추느라 많은 시간을 보낸다. 알파 수컷이 그 위치를 차지하는 것은 육체적으로 더 강하기 때문이 아니라 더 크고 안정된 동맹을 이끌기 때문이다.

'스킨십'이란 말은 원래 혈족 관계를 의미하는 킨십kinship에서 유래했다. 아무리 엄마와 자식의 관계라 하더라도 깊은 애정은 살갗이 닿는 접촉이 있어야 생겨난다는 뜻이다.

　브랜드도 그렇다. 사람들의 마음을 얻어 더 큰 커뮤니티가 되기 위해서는 살갗이 닿는 체험을 제공해야 한다. 사람들 스스로 체험을 원하는, 그리고 그 체험으로 브랜드의 철학을 이해하고 그 브랜드를 좋아하게 만드는 스킨십이어야 한다. 모두가 특별한 경험을 갈망하는 시대, 사람들은 기다린다. 따뜻하고 진정 어린 스킨십을.

사랑은 두 갈래 길, 역조공

→ 사랑은 상호 작용이다.
사랑받기 위해서는 내 일부를 내놓아야 한다.
→ '무엇을 내놓는가'보다 '어떻게 내놓는가'가 더 중요하다.
○ 진정성 있게, 나만의 방법으로,
내 세계관에 따른 내놓음이 필요하다.

누군가의 팬이 되어보지 않은 사람들은 팬덤, 즉 커뮤니티를 만드는 것이 대단한 기술인 듯 오해한다. 그래서 복잡한 전술을 바탕으로 커뮤니티를 구축하는 데 집중하지만, 많은 브랜드들이 실패하고 만다. 커뮤니티를 움직이는 감정을 제대로 이해하지 못했기 때문이다.

브랜드 커뮤니티의 본질적인 감정은 사랑이다. 대가 없이 몰두할 수 있는 힘? 그것은 사랑밖에 없다.

누군가가 우리를 사랑해주기를 원하는가? 그렇다면 우리가 어떻게 사랑을 시작했는지 기억해보자. 사랑의 시작은 모두 짝사랑이었다. 상대방이 내 마음을 몰라줘도 언젠가는 받아줄 것을 기대하며 묵묵히 사랑할 수밖에 없었다.

다행히 상대방도 나를 사랑하게 되었다. 문제는 그다음이다. 이제부터 사랑은 저절로 유지되지 않는다. 저절로 커지지도 않는다. 둘이 서로 마음을 확인한 후부터는 기대가 생긴다. 더이상 무조건은 없다. 주기만 하는 사랑은 지치고 퇴색한다. 사랑을 받는 자에게도 올바른 태도가 필요하다. 이기적인 마음으로는 사랑을 받기 어렵다.

아이돌 팬덤에는 기념일을 특정하고 그날을 위한 선물 목록을 만드는 문화가 있다. 물질적 선물도 있고 지하철역 광고 같은 이벤트도 있다. 아티스트의 이름으로 기부를 하기도 한다. 이것을 서포트 또는 조공이라고 한다. 결코 권장할 만한 문화는 아니지만, 사랑이라는 감정으로 해석한다면 이해하지 못할 것도 없다.

그런데, 새로운 문화가 생겨났다. 늘 받기만 했던 아티스트가 팬덤을 서포트하기 시작했다. 행사를 채워주는 팬들에게 손 편지를 동봉한 도시락을 전달한다. 따뜻한 곳에서 기다리라고 커피 전문점 쿠폰을 나눠준다. 씨앗을 심어 발화시킨 화분을 선물한다. 그리고 이 모든 과정을 영상으로 남겨 직접 했음을 증명한다.

물질적 나눔뿐 아니다. 연령대 높은 팬덤을 보유하고 있는 솔로 가수 임영웅의 콘서트가 아이돌 팬들 사이에 큰 화제가 된 적이 있다. 어르신들을 위한 1:1 안내요원, 대기석의 푹신한 소파, 사방을 채운 초고화질 대형 스크린 등 투자를 아끼지 않는 콘서트 퀄리티 때문이었다. 심지어 몸이 불편한 관객들의 휠체어를 가수 동선에 맞추어 회전해주는 서비스까지 있었다.

팬을 향한 아티스트들의 서포트 또는 서비스를 역조공이라고 한다. 역조공의 핵심은 '무엇을 주는가?'가 아닌, '어떻게 주는가?'다. 팬을 향한 고마움과 그 마음의 진정성이 고스란히 전해져야 한다. 도시락 가격이 아니라 도시락 전달 방식을 비교하고, 손 편지의 유무와 내용이 회자된다.

사랑받는 브랜드들도 역조공의 문화를 체화해야 한다. 고객의 사랑을 자신의 이익으로만 치환하는 브랜드는 오래가지 못한다. 고객들을 위해 자신의 일부를 내놓아야 한다. 이것이 이 시대 브랜드가 가져야 할 사랑받는 자세다.

브랜드 역조공의
세 가지 조건

브랜드의 역조공, 어떤 태도가 필요할까?

첫째, 상업성을 배제해야 한다. 아이돌이 역조공을 할 때도 PPL은 가능한 한 배제한다. 상업적인 목적이 조금이라도 끼어들면 더 이상 역조공이 아니다. 팬들이 순수한 마음으로 아티스트를 서포트하듯, 브랜드도 받은 사랑을 순수하게 되돌려주어야 한다.

둘째, 차별화된 콘텐츠가 필요하다. 시간과 수고를 10배로 보상할 수 있는 확실한 콘텐츠를 약속해야 마음이 움직인다. 지금도 쇼핑몰 곳곳에서 수없이 많은 브랜드 체험 행사가 진행되고 있지만, 그 기억은 채 하루도 못 가서 휘발되고 만다. 독특함도 없고, 강렬함도 없다.

마지막으로, 브랜드 세계관이 바탕이 되어야 한다. 그래야 사람들의 마음에 일관성 있는 브랜드 정체성을 심을 수 있다. 우리 브랜드가 궁극적으로 세상에 던지고자 하는 메시지는 무엇인가? 역조공 역시 중요한 브랜드 활동이다. 모든 브랜드 활동의 중심에는 브랜드 세계관이 있어야 한다.

우리나라 대기업 브랜드들 중에서도 역조공의 훌륭한 사례들을 많이 찾아볼 수 있다. 신세계그룹의 별마당도서관, LG그룹의 화담숲, 현대카드의 다양한 라이브러리들, DL그룹의 구슬모아당구장과 디뮤지엄처럼 공간을 내놓는 브랜드들이 있다. 한화그룹의 불꽃축제, 백화점들의 크리스마스 미디어 파사드처럼 즐거움을 내놓는 브랜드들이 있다. 아모레퍼시픽의 메이크업유어라이프 캠페인, 현대모비스의 주니어공학교실처럼 시간과 정성을 내놓는 브랜드들이 있다.

그중 내가 참여했던 두 가지 사례를 소개한다. 먼저 KB청춘마루다. "홍대 앞 OOO는 어디에 있나요?"라고 물으면 "국민은행 서교동지점 맞은편에서 왼쪽으로 꺾으세요"라고 대답할 만큼, 국민은행 서교동지점은 홍대 거리의 랜드마크였다. 지난 40여 년간 수많은 청춘들이 홍대 앞 서교동 지점을 약속 장소로 잡고 서로를 만났다.

2018년 KB국민은행은 이 공간을 대대적으로 리노베이션한다. 그리고 'KB청춘마루'라는 이름의 새로운 공간을 내놓았다. 홍대 거리를 거닐다 보면 여기를 못 보고 지나칠 수가 없다. 거리를 바라보고 있는 노란 계단 덕분이다. 홍익대 교수진으로 구성된 건축가들이 내외부 디자인을 맡은 이 공간은 채워진 것 없이 비어 있다. 채우는 것은 청춘의 몫. 지하 1층부터 지상 3층으로 이루어진 이 공간에서는 공연, 강연, 전시 등 다양한 청년 문화 콘텐츠들을 즐길 수 있다. 또한 세미나실, 카페, VR 체험 공간 등 쉽게 공유할 수 있는 공간들이 청춘을 기다린다.

누구라도 와서 다리 펴고 쉴 수 있는 공간이 되는 것, 프로젝트를 진행할 때 KB국민은행의 요구사항은 이것뿐이었다. 한 시간의 쉼에도 5천 원의 커피값이 필요한 도시에서, 넉넉한 마루처럼 편하게 어우러질 수 있는 공간이라는 의미가 청춘마루라는 이름 안에 담겨 있다. KB국민은행은 설립부터 지금까지 늘 국민의 평생 금융 파트너를 지향해온 브랜드다. 그 따스함이 KB청춘마루까지 이어지고 있다.

두 번째 사례는 '일상비일상의틈'이다. 분주한 강남대로를 걷다 보면, 7층으로 이루어진 낯선 건물을 만나게 된다. 문을 열고 들어가면 가장 트렌디한 전시 콘텐츠와 마주친다. 층을 오를 때마다 새로운 감각의 콘텐츠들이 펼쳐진다. '사유와 영감의 틈'에서 출발해 고유의 틈들을 발견하면서 '옥상과 달빛 사이의 틈'으로 마무리된다. 그야말로 강남대로에서 만나는 의미 있는 틈, 그 자체다. 여기는 엘지유플러스가 운영하는 복합문화공간이다. 하지만 엘지유플러스의 제품이나 서비스는 찾아보기 어렵다.

'일상비일상의틈'이라는 이름은 '지극히 일상적인 공간을 거닐다가 문득 만나는 비일상의 공간'이라는 의미다. 이 이름은, 이곳에서 접하는 모든 콘텐츠들을 일상과 비일상의 관점으로 바라보라는 가이드가 된다.

더 나아가, 이 이름을 브랜드 세계관의 관점에서 해석할 수도 있다. 일상은 '날마다 반복되는 생활', 비일상은 '날마다 반복되는 생활이 아닌 것'이다. 그리고 '틈'이란 그 사이의 균열을 의미한다. 생각해보면, 이 세상의 모든 최초는 비일상이었다. 비일상이었던 기술과 라이프스타일을 누군가가 일상으로 만들어오면서 세상은 발전해왔다.

엘지유플러스는 Why Not 캠페인에서 볼 수 있듯, 일상의 편견을 깨는 과감한 생각과 도전으로 즐거운 변화를 만들어가겠다는 세계관을 갖고 있다. 일상비일상의틈이라는 이름에서도, '비일상이 일상이 되는 그 틈이 되겠다'는 브랜드의 의지가 읽힌다.

현대 과학은 사랑과 행복이 호르몬의 작용이라고 설명한다. 옥시토신, 도파민, 세로토닌 등이 대표적이다. 즉 사랑은 추상적 감정이 아니며, 저절로 발생하지도 않는다. 이 호르몬들은 각각 조건이 충족되어야 분비될 수 있다. 사회적 유대감을 진하게 느낄 때, 포용할 때, 감정적 보상을 받을 때, 인정을 받을 때 등이다.

단순한 말만으로는 사랑이 완성되지 않는다. 마음만으로는 부족하다. 브랜드는 고객에 대한 사랑을, 호르몬이 분비될 만큼 진하게 표현해야 한다. 그래서 사랑은 경험이다.

사랑을 경험하게 하라. 나의 일부를 내놓음으로써.

브랜드 커뮤니티 키우기

착함이 이긴다, 선한 영향력

→ 지금의 고객들은 도덕, 공정, 사회적 가치를 요구한다.
→ 이기적인 브랜드는 커뮤니티를 만들지 못한다.
→ 기본에 충실하게, 브랜드와 맞닿은 가치로,
　꾸준하게 펼치는 선한 영향력이 필요하다.

팬덤에게 최악의 상황은 팬이라는 사실이 부끄러워질 때다. 도덕적 이슈 발발이 가장 치명적이다. 아무리 팬이라도, 아니 팬이기 때문에 도덕적 이슈에 대해서 누구보다 예민하다. 누군가를 좋아하는 내 모습은 정체성의 연장이다. 따라서 도덕적 이슈가 일어나면 내 정체성이 훼손당한 것 같은 배신감과 수치심을 느끼게 된다. 팬이 안티팬이 되는 가장 큰 이유다. 그래서 팬과 안티팬은 동전의 양면과 같다. 팬덤을 가진 자는 팬을 실망시키지 않을 의무가 있다.

어느 때보다도 높은 기준의 도덕성과 공정성을 요구하는 지금, 팬덤은 아티스트와 함께 사회적 가치를 만들어가는 데 적극적이다. 코로나19가 유행하던 시기, 예정되어 있던 BTS 콘서트가 코로나로 인해 취소됐을 때다. 한 팬이 트위터에 "환불받은 티켓값을 코로나19 예방을 위해 기부했어요"라는 글을 올렸다. 이 트윗은 들불처럼 퍼졌다. 수많은 BTS 팬들이 환불받은 티켓값 기부에 동참했다. 그리고 SNS에 BTS의 이름으로 기부한 증서를 인증했다.

BTS의 팬덤인 아미Army 안에는 기부를 목적으로 결성된 'OIAA One In An Army'라는 하위 단체가 있다. 그들의 슬로건은 '큰 팬덤이 커다란 변화를 만든다'이다. OIAA는 "세계 곳곳에 있는 아미들이 힘을 합하면 좋은 세상을 만드는 변화에 기여할 수 있지 않을까요?"라는 팬들의 생각으로 시작되었다. BTS의 음악으로 얻은 긍정 에너지를 진짜 좋은 세상을 만드는 에너지로 쓰자는 뜻이었다.

BTS뿐만이 아니다. 코로나19 예방 및 치료에 활발한 기부 활동을 벌인 단체는? 스타들의 팬덤이다. 강원도에 산불이 나면? 역시 스타들의 팬덤이 즉각 출동한다. 전국재해구호협회

희망브리지는 "예전 모금 때와는 비교도 안 될 정도로 많은 후원이 들어오고 있다. 아이돌 팬덤의 기부가 큰 도움이 된다"고 밝혔다.

팬덤의 기부는 다양한 모습으로 펼쳐지고 있다. 숲을 만들고, 도서관을 세우고, 교육을 지원하고, 반려동물을 후원한다. 세계 곳곳에는 우리 아티스트들의 이름을 딴 숲, 도서관, 학교들이 있다. 이런 행동들의 근원은 무엇일까? 내 아티스트의 이름이 한 번 더 언론에 오르내려 이미지가 좋아지기를 바라는 단순한 마음일까?

우리는 모두 착한 사람을 좋아한다. 착한 사람이 승리하기를 원한다. 그래서 우리 아티스트가 착한 존재로 사람들에게 기억되기를 원한다. 그들의 착한 행동이 다른 이들에게도 좋은 영향을 주기를 바란다. 이것이 '선한 영향력'이다.

선한 영향력의
원칙과 전략

이제 도덕과 공정은 의무를 넘어 가장 중요한 브랜드 전략이 되었다. 밀레니엄세대와 Z세대는 자신이 지향하는 가치와 부합하는 제품을 구매하며 스스로의 윤리관을 드러낸다.

　"이윤이 기업의 목적인 것은 도덕적으로 문제가 있다. 과연 누가 다른 사람의 이윤을 위해 죽을 때까지 분투하겠는가? 더 큰 목표를 찾지 못하거나 목표의 정당성을 확신하지 못한다면 그 사업은 의미를 잃어버린다." 이 시대를 대표하는 마케팅 구루 테오도르 레빗Theodore Levitt이 선한 목적의 중요성을 강조하기 위해 한 말이다. 이는 직원들의 동기 유발을 염두에 두고 쓴 것이긴 하지만, 오늘날 소비자들의 소비문화와도 연결된다.

　이윤만을 목표로 하는 브랜드는 아무리 품질이 좋아도 결코 커뮤니티를 구축하지 못한다. 우리는 이기적인 사람을 좋아하지 않는다. 마찬가지로 이기적인 브랜드를 좋아하지 않는다. 이기적인 브랜드를 몇 번 구매할 수는 있지만, 오랫동안 좋아하고 지지하지는 못한다. 우리는 선한 브랜드와 파트너십을 맺고 싶어 한다. 선한 브랜드가 일으키는 선한 영향력에 도움을 주고 싶어 한다. CSR의 궁극적 목적이 기업의 평판이라면, 선한 영향력의 궁극적 목적은 사회의 변화다.

　미국의 기업 최고경영자 모임인 비즈니스라운드테이블BRT은 2019년 기업의 목적을 재정의했다. "기업은 눈앞의 이윤 추구와 주주 이익 극대화를 뛰어넘어 고객, 근로자, 납품업체, 커뮤니티 등 모든 이해당사자에 대한 사회적 책임을 강화해야 한다." 모든 이해당사자에 대한 사회적 책임, 이것이 기업의 목적이 된 시대다.

사회적 가치를 위한 올바른 행동, 즉 ESG가 지금 시대 경영의 가장 중요한 화두로 대두되었다는 것은 사회의 어젠다가 더 이상 'what'이나 'how'가 아니라는 사실을 증명한다. 이제 브랜드의 가치와 지속 가능성은 어떤 품질의 제품을 어떻게 만드는가가 아닌, 어떤 세계관을 가졌는지에 따라 결정된다.

커뮤니티를 만들고 유지하기 위해 선한 영향력을 펼쳐야 한다는 것은 명확하다. 그런데 여기에도 원칙과 전략은 필요하다.

1. 기본과 본질에 충실해야 한다.

제품의 품질에 최선을 다할 때에야 고객이 브랜드의 목소리에 귀를 기울인다. 선한 영향력의 대명사 파타고니아도 좋은 제품을 생산하는 것을 우선으로 한다. 최고의 제품을 만들어야 불필요한 소비를 막을 수 있기 때문이다. 룰루레몬 역시 커뮤니티 이전에 뛰어난 품질과 디자인을 갖추었다.

파타고니아에 앞서서, 선한 영향력의 신드롬을 일으켰던 브랜드로는 미국의 신발 브랜드 탐스TOMS가 있다. 탐스는 소비자가 신발을 한 켤레 구입할 때마다 제3세계 어린이에게 신발한 켤레를 기부하는 '원포원One for One' 기부로 유명하다. 그러나 안타깝게도 제품보다 기부에 집중하면서 그 존재감을 잃어가고 있다. 이미 우리나라에서 공식 매장은 모두 철수한 상황이다. 지금 탐스는 초심으로 돌아가 제품 자체에 집중하고 있다.

아이돌 그룹들을 보면 재미있는 점이 있다. 어느 그룹이건 가장 인기 많은 멤버는 능력이 뛰어난 멤버다. 팬들은 이를 '본업을 잘한다'고 표현한다. 반면 비주얼만 훌륭하고 능력이 없는 멤버, 능력이 없는데 노력도 하지 않는 멤버는 인기가 없다. 기본과 본질이 우선되지 않으면 매력은 옅어지고 진정성은 의심된다.

2. 브랜드와의 적절성을 따져야 한다.

기업들의 사회적 활동에서 진정성이 느껴지지 않는 것은 브랜드와의 적절성이 결여된 탓이다. 자기 업의 영역 안에서 구현할 수 있는 신념이어야 한다.

흥미로운 사례가 자동차 브랜드들의 양봉 사업이다. 포르쉐, 롤스로이스, 람보르기니, 벤틀리 등은 양봉 사업에 진심이다. 그중 포르쉐는 '빌리브 인 드림Bee'lieve in Dreams'이라는 꿀 브랜드를 갖고 있는데, 독일에 이어 서울 일원동 대모산에 빌리브 인 드림 정원을 조성했다. 그들의 관심 대상은 꿀이 아니라 꿀벌이다.

왜 꿀벌인가? 전 세계 100대 농작물의 70%가 꿀벌 수분에 의존하고 있다. 꿀벌이 사라지면 생태계 균형이 파괴되고 식량 위기가 이어지며 인류는 멸망에 가까워진다. 그런데 안타깝게도 이렇게 중요한 꿀벌의 개체수가 심각하게 줄어들고 있다. 미국은 2016년 세계 최초로 꿀벌을 멸종위기종으로 지정하기에 이르렀다. 그런데 왜 자동차 브랜드들이 이 문제를 해결하기 위해 행동하는 걸까? 꿀벌의 개체수가 줄어드는 요인 중 하나가 자동차로 인한 환경 오염이기 때문이다. 즉, 결자해지의 정신이다.

선한 영향력이라는 가치가 본업과 연결되어 비즈니스 성장을 위한 영감이 되기도 한다. 로레알의 최근 행보가 그 예다. 2024년 뷰티 기업 최초로 세계 최대 소비자 가전 전시회 CES Consumer Electronics Show에서 기조연설을 했던 로레알은 뷰티에 과학을 더해 환경보호와 인클루시브 디자인inclusive design을 위한 혁신적 제품들을 내놓는다. 스타트업 기업 지오사Giosa와 협업하여 내놓은 샤워헤드인 '워터세이버'가 그중 하나다. 물의 흐름을 미세하게 분할하는 물 파편화 기술을 활용하여 물과 이산화탄소 배출량을 69%까지 감소시킨다. 손과 팔을 움직이기 힘든 사람들의 메이크업을 보조하는 메이크업 어플리케이터 '합타

HAPTA'도 있다. AI 시스템이 사용자의 움직임과 사용 패턴을 학습하여 섬세한 동작이 필요한 메이크업을 누구나 쉽게 할 수 있도록 돕는다.

3. 가장 중요한 것은 꾸준함이다.

마지막으로, 선한 영향력이 의미가 있으려면 꾸준함이 뒷받침되어야 한다. 우리나라 대기업들의 사회적 가치 실천도 알고 보면 그 역사가 매우 깊다. 그중 SK임업의 사례를 소개하고 싶다. 탈북민들이 우리나라에서 깜짝 놀라는 것 중 하나가 울창한 숲이라고 한다. 이미 우리나라는 당당한 산림 선진국이다. 이렇게 된 데에는 우리나라에서 가장 많은 나무를 심은 기업, SK임업의 공이 적지 않다. SK임업은 1970년대 초 순수하게 나무를 심기 위해 설립되었다. '나라를 사랑하는 사람이 나무를 심는다'는 신념 덕분이었다. 이 기업이 산간오지의 헐벗은 땅을 매입하여 울창한 숲으로 바꾸어온 지 어느덧 50년이 넘었다.

　아무리 새로운 세계관을 향한 도전이라 할지라도, 그 마음은 오래된 가치에 뿌리박고 있어야 지속 가능한 발전이 가능하다.

브랜드 커뮤니티 키우기

스며들게 하라,
콘텐츠 a.k.a 떡밥

→   모든 브랜드 활동이 콘텐츠이자, 떡밥이다.
→   커뮤니티의 사랑을 키우고 유지하려면
    지속적인 콘텐츠가 필요하다.
→   진실하고 재미있고 일관성 있는 콘텐츠가
    고객의 삶에 스며들도록 해야 한다.

'낚였다'는 말이 있다. 미끼에 속았다는 뜻이다. 긍정적인 단어
는 아니다. 본래 낚시란 그럴듯한 구실로 대상을 현혹하는 행위
이니 말이다. 그런데 팬덤 문화에도 낚시에서 유래된 말이 있
다. '떡밥'이다. 떡밥 역시 미끼의 한 종류지만, 부정적인 의미로
사용되지는 않는다. 오히려 팬덤에게 떡밥은 갖고 놀 수 있는
콘텐츠다. 신곡, 새로운 활동, 오프라인 이벤트, 유튜브 영상,

SNS 피드 등 모든 활동들이 콘텐츠이자, 떡밥이다. 결국 목적은 사람들의 눈길을 붙들어 매는 것이다. 매력적인 콘텐츠를 쉬지 않고 제공하면서.

팬덤은 떡밥을 음미하는 것에 그치지 않고, 그것을 재료로 활용해 2차 창작물을 만든다. 2차 창작물은 저작권과 초상권의 문제에서 자유로울 수 없지만, 대부분의 소속사들은 선을 넘지 않는다면 2차 창작물을 묵인한다. 떡밥이 많을수록 팬덤의 몰입감이 커진다는 것을 알기 때문이다.

왜 지속적인 콘텐츠가 필요한가?

브랜드가 커뮤니티의 사랑과 관심을 유지하려면, 왜 지속적인 콘텐츠를 제공해야 하는가?

첫째, 눈에서 멀어지면 마음에서도 멀어진다. 오래된 진리다. 아무리 강한 사랑도 만나지 못하면 마음이 식는다. 커뮤니티의 사랑도 마찬가지다. 매력적인 것들이 차고 넘치며, 원하는 모든 것이 스트리밍되는 세상. 이러한 세상에서 누군가의 마음을 잠깐이라도 붙잡고 있는 것은 참 대단한 일이다. 그러나 그

대단함이 계속되리라 방심하면 안 된다.

둘째, 알수록 깊어진다는 것이 사랑에 대한 또 하나의 진리다. 어떤 것에 매료되는 순간은 갑자기 찾아온다. 그렇지만, 한눈에 반한 강렬한 사랑은 신뢰하기 어렵다. 오히려 이 세상 많은 것들은 오래 보고, 천천히 보고, 꼭꼭 씹은 후에야 우리의 마음을 사로잡는다. 누구든 무엇이든, 그 안에 담긴 이야기를 알게 되면 더 마음이 쓰이기 마련이다.

셋째, 지속적인 콘텐츠는 브랜드의 생동감을 유지한다. 또한 이러한 생동감은 브랜드와 팬이 연결되어 있음을 느끼게 만든다. 한정판 제품을 한정된 시간에 판매하는 드롭이 하나의 예다. 드롭이 스트리트 패션을 넘어 다양한 카테고리에서 활용되는 이유도 생동감과 화제성을 부여하며 서로 간에 공감대를 만들기 위해서다.

마음과 일상에
스며들어 쌓이도록

지속적인 콘텐츠는 사람들의 이목을 붙잡는 데에 그치지 않고, 브랜드가 마음과 일상에 스며들게 만든다. 스며든다는 말의 사전적 의미는 물 같은 액체가 천천히 배어드는 것, 바람 같은 기체가 흘러드는 것, 그래서 마음속 깊이 자리매김한다는 것이다.

마음속에 스며들 수 있는 콘텐츠는 어떤 것인가? 오프라인 브랜드냐 온라인 브랜드냐, B2B 브랜드냐 B2C 브랜드냐, 프리미엄 브랜드냐 매스 브랜드냐에 따라 무수하게 변주된 답변들이 있다. 그러나 우리가 좋아하는 콘텐츠에는 모든 종류의 다름을 뛰어넘은 공통점도 있다.

스며듦은 땅을 탄탄하게 다지는 것 같은 과정이다. '스며든다'는 말 속에는 진실함, 재미와 몰입, 그리고 일관성이 숨겨져 있다. 이 세 가지가 의미 있는 콘텐츠를 만들기 위한 기본 조건이다.

1. 진실하게, 그리고 솔직하게

BTS가 큰 성공을 거두자 수많은 브랜더들이 그들의 성공 요인을 분석했다. 그리고 가장 주목했던 전략이 그들만의 소통 채널이었다. BTS는 좋은 콘텐츠들을 그들의 채널에 꾸준히 업로드했다. 이것이 물리적 한계를 뛰어넘어 전 세계 아미들을 결집시킨 것은 사실이다.

그런데 자체 콘텐츠 제작은 케이팝의 공고한 문화다. 많은 아이돌이 예능, 콘서트 뒷이야기, 토크쇼까지 다양한 콘텐츠를 수시로 업로드한다. 그중 모든 팬덤들이 가장 좋아하는 콘텐츠는 무엇일까? 자연스러운 모습을 날것 그대로 보여주는 영상이다. 맨얼굴로 트레이닝복을 입고 땀을 뚝뚝 흘리며 퍼포먼스를 연습하는 영상이 대표적이다. 어려운 퍼포먼스에 힘들어하다가도 꾸준한 연습으로 차츰차츰 합이 맞아가며 어느새 칼군무를 하는 모습은 감동을 자아낸다.

요즘은 모든 브랜드들이 디지털 커뮤니케이션에 사활을 걸고 있다. 신비주의를 신봉했던 럭셔리 브랜드들마저 예외가 아니다. 루이비통 역시 자체 채널을 활용해 다양한 주제의 엔터테인먼트형 콘텐츠를 제공하고 있다. 패션쇼나 패션화보를 보여주는 데서 그치지 않는다. 작업장 장인들의 이야기, 패션화보 촬영 전 분주한 준비 모습 등을 공유한다. 루이비통의 솔직한 민낯이다. 이러한 콘텐츠들이 명품 브랜드의 역사와 품격을 자연스럽게 전달한다.

2. 쉽고 단순하고 재미있게

오랫동안 이 일을 하면서 깨달은 진리가 있는데, 아무리 똑똑한 사람도 복잡하고 어려운 것을 좋아하지 않는다. 우리는 모두 쉽고 단순한 것을 좋아한다. 직관, 즉 별도의 사유가 필요 없이 보는 즉시 이해 가능해야 한다. 여기에 재미가 곁들여지면 그다음이 궁금해진다. 이런 콘텐츠라면 새로운 팬의 영입도 가능하다.

　맥하이브는 '세상에서 가장 작은 맥도날드 매장'이라는 수식어를 갖고 있다. 사람이 아닌 꿀벌을 위한 맥도날드 매장이다. 꿀벌 개체수를 늘리기 위한 맥도날드의 ESG 프로그램 중 하나인데, 맥도날드 매장을 축소해 꿀벌집으로 만들었다. 맥도날드가 환경을 위해 어떤 일을 하는지 구구절절 이야기하지 않아도 쉽고, 단순하고, 유쾌하게 그 의미가 전해진다.

3. 일관성 있게, 그러나 유연하게

콘텐츠에는 화제성이 필요하다. 그런데 화제성은 의외성과 닿아 있다. 앞선 챕터에서도 말했듯 의외성은 늘 리스크가 있다. 화제성과 일관성의 균형을 맞추기는 참 어렵다. 굳이 하나를 고르자면 화제성보다 일관성이다. 진실된 콘텐츠가 쌓인다면 그것만으로 화제가 될 수 있다.

　《보보담》은 2011년 LS네트웍스에서 처음 발간한 계간지다. '보보담'이라는 예쁜 이름은 '걸으면서 함께 나누는 이야기'라는 뜻이다. 여행이 주제인 《보보담》은 단순한 여행지 소개에 머물지 않는다. 지역의 역사, 문화, 자연, 그리고 그 안에서 살아가는 사람들의 삶을 깊이 있게 다룬다.

　LS네트웍스를 비롯해 LS그룹을 아우르는 가장 큰 철학은 함께하여 더 큰 가치를 창출한다는 의미의 '파트너십'이다. 《보보담》은 함께함의 가치를 인문학적으로 풀어낸 콘텐츠다. 독자들은 이 좋은 잡지를 무료로 볼 수 있는 것이 미안하다고 입을 모은다. 그만큼 소장 가치가 넘치는 여행 인문학 잡지다. 그런데 독자들이 더욱 감동하는 이유는 첫 호부터 지금까지 잡지에 실린 LS그룹의 광고가 단 한 장에 불과하다는 점이다.

하지만 일관성과 아집은 다르다. 일관된 철학과 함께 필요한 것은 유연한 태도다. 언제나 시대정신을 간과하지 말자. 브랜드가 늘 호기심을 가져야 하는 이유기도 하다. 구찌가 인스타그램에 뷰티 계정을 운영하면서 공개한 첫 캠페인의 모델은 기존 뷰티 모델들과 달랐다. 우아하고 관능적인 여성이 아니라, 삐뚤삐뚤한 치아를 자랑스럽게 보이면서 활짝 웃고 있는 여성이었다. 아름다움의 획일화를 거부하고 그대로의 아름다움을 존중하는 이 캠페인은 여성들에게 큰 호응을 얻었다.

4. 함께 만들어가는

쌍방향 콘텐츠 작업을 지원하는 다양한 플랫폼들이 존재하는 지금, 브랜드와 고객이 함께 만들어가는 콘텐츠는 그 무엇보다 강력하다. 삼성전자의 '리얼 인디아 맵Real India Map' 캠페인이 그 예다. 삼성전자는 인도의 갤럭시 사용자들이 그들 나라의 아름다움을 직접 영상으로 찍어 SNS에 공유하도록 했다. 이 캠페인은 외국인은 물론 내국인들도 잘 몰랐던 명소들을 다수 발굴하는 성과를 거두었다. 2019년 당시 인도 SNS 사상 최다 이용자 참여 기록을 남기기까지 했다. 잘 기획된 참여형 콘텐츠는 비교적 짧은 시간에 방대한 정보와 몰입을 창출할 수 있는 효과적인 방법이다.

요즘 발표되는 노래에는 도입부가 없다. 음악의 시작이 곧 클라이맥스다. 첫 15초로 음원 순위 차트인이 결정되기 때문이다. 넷플릭스 사용자의 94%는 썸네일만으로 1초 안에 시청 여부를 결정한다. 사람들의 인내심이 갈수록 짧아진다는 방증이다. 우리는 마음의 준비를 하지도 못한 채, 여기저기서 쏟아내는 자극에 노출된다.

끊임없는 자극의 시대, 브랜드를 관리하는 사람들은 조급하다. 어느 세월에 브랜드의 철학을 진중하게 전달할 것인가? 누가 시간을 내어, 보고 들어줄 것인가?

사람들의 이목을 집중시키는 자극도 필요하다. 그것이 이 세상 브랜드가 살아가는 방식이다. 그렇지만 끊임없이 군불을 때는 것도 필요하다. 그래야 화르르 달아오른 관심이 오래갈 수 있다.

천천히 스며들어 결국엔 마음을 사로잡는 브랜드. 한순간 반하게 되는 브랜드보다 천천히 스며든 브랜드는 그만큼 오래 남는다. 그리고 그만큼 오래 좋아하게 된다. 이것이 꾸준함의 힘, 스며듦의 힘이다.

브랜드 커뮤니티 지키기

불편한 진실, 탈덕

커뮤니티를 유지하는 힘은 자부심이다.
자부심을 잃을 때, 정체성이 흔들릴 때,
변화를 외면할 때 팬들은 떠나간다.
기존 팬을 유지하는 동시에,
새로운 팬을 유입할 수 있는 전략이 필요하다.

첫사랑과 결혼할 확률이 얼마나 될까? 궁금해서 이런저런 자료들을 찾아봤는데, 대충 1% 미만이다. 80% 이상은 첫사랑이 어디에서 뭘 하는지도 모른다. 한마디로, 사랑은 지속되기 힘들다. 그리고 한 번 마음이 떠나면 그것으로 끝이다.

남녀 간 사랑이 이러한데, 팬덤의 사랑이라고 다를까? 입덕만큼 흔한 것이 탈덕임은 불편한 사실이다. 팬들의 사랑은 본질적으로 짝사랑이라, 그만큼 끝을 내기도 쉽다. 내 마음만 접어버리면 허무하게 사라지는 사랑이다.

입덕의 이유가 다양하듯 탈덕의 이유도 다양하다. 하지만 공통점이 있다. 모든 탈덕은 내부적 문제에서 발생한다. 외부적 이슈는 오히려 팬덤을 결집시킨다. 그러나 내부적 문제가 일정 선을 넘어가면 팬덤이 공중분해 되는 것은 한순간이다.

한마디로, 팬덤 문화와 취소 문화가 공존하는 세상이다. 취소 문화Cancel Culture는 '나는 더 이상 당신을 지지하지 않는다' 는 의견을 보여주기 위해 SNS 팔로우를 끊는 것에서 유래한 말이다. 간단한 클릭 한 번이면 손쉽게 탈덕이 이루어진다. 팬덤을 만드는 것도 어렵지만, 이를 키우고 유지하는 것은 더 어렵다. 지지와 충성은 언제나 유동적이라는 것을 모든 브랜드들은 기억해야 한다.

자부심을
잃을 때

팬덤의 근원은 자부심이다. '자부심'을 사전에서 찾아보면, '자기 자신 또는 자기와 관련되어 있는 것에 대하여 스스로 그 가치나 능력을 믿고 당당히 여기는 마음'이라고 정의되어 있다. 이 정의에 따르면, 팬들이 자부심을 가진다는 것은 이미 아티스트와 자신이 동기화되어 있음을 믿는다는 뜻이 된다.

브랜드 커뮤니티는 어떻게 만들어지는가? 자부심을 느낄 수 있는 가치를 제안하고, 그 가치가 나와 연결된다는 믿음을 주어야 한다. 그리고 그 가치를 지속적으로 강화해야 한다. 이것이 커뮤니티의 생성과 유지에 관한 메커니즘이다.

그러므로 자부심이 망가질 때 커뮤니티는 와해된다. 테슬라를 보자. 테슬라는 세상을 바꾼 브랜드다. 콧대 높은 정통 브랜드들을 단기간에 누르고 시대의 주인공이 되었다. 테슬라 차주들은 본인을 단순히 전기자동차를 보유한 사람이 아니라, 지구의 에너지 전환에 동참한 선도자로 여겼다. 테슬라는 자동차를 넘어선 가치관이었다. 때로는 '테슬람(테슬라+이슬람, 테슬라를 추종하는 사람들을 일컬음)'이라고 불릴 정도로 커뮤니티가 공고했다.

그러나 테슬라 커뮤니티의 열기는 분명히 식고 있다. 그 이유에는 테슬라 연대의 핵인 일론 머스크가 있다. 아이언맨의 실제 모델인 일론 머스크는 스티브 잡스 이후 비즈니스를 넘어 전 인류에게 영감을 주는 살아 있는 위인이었다. 그런데 그의 이해할 수 없는 정치적 발언, 트위터 인수 후 대량 해고, 도지 코인 사태 등은 대담한 도전을 설파했던 사람과 동일인인지 의심될 정도로 많은 이들에게 실망을 안겨주었다.

테슬라코리아에서 기획했던 '티-익스퍼트 시승식' 또한 많은 비난을 받고 취소된 바 있다. 테슬라 차주들이 자신들의 자동차로 잠재 고객들에게 무료 시승을 해준다는 것이 시승식의 골자였다. 그러나 이에 대한 보상은 부끄러울 정도로 보잘것없는 수준이어서 사실상 자원봉사에 가까웠다. 테슬라 팬이라면 무료라도 기꺼이 동참할 것이라는 자신감 또는 자만심이 이 행사를 기획한 바탕이리라. 그러나 이제 더 이상은 그 정도의 충성심을 기대하기 어렵다.

물론, 커뮤니티가 무너진다고 해도 테슬라가 이룬 업적이 하루아침에 사라지지는 않을 것이다. 그렇지만 이러한 기조가 계속된다면 애플이나 나이키처럼 시대를 대표하는 아이콘의 위치에 있기에는 위태로울 수밖에 없다.

정체성이
흔들릴 때

누군가를 좋아하고 응원하는 것은 그들의 세계관에 동참한다는 의미다. 그런데 그 세계관에 혼란이 온다면 어떨까?

1960년대 미국, 10대 후반의 스케이트보더들은 삐딱한 반항아일 뿐이었다. 기성세대들은 그들을 보고 못마땅하다며 혀를 찼다. 반스는 그런 그들을 옹호했다. 기성세대가 갖고 있는 편견의 벽을 넘어 너의 길을 가라, 너희들 곁에 내가 있겠다고 격려했다. 그것이 'Off the Wall' 정신이었다. 스케이트보더들이 반스에 느끼는 감정은 동료의식이었다. 그들은 다양한 피드백을 주고받으며 지금의 반스를 함께 만들어왔다. 와플솔, 듀라캡, 팝쿠시 등 반스를 대표하는 디자인과 디테일들이 그 예다.

이런 반스의 피드백 문화를 상징하는 행사가 2010년부터 성황리에 이어져 오는 '커스텀 컬처 콘테스트'다. 흰색 반스 신발을 캔버스 삼아 각자 나름의 테마로 신발을 디자인하고, 온라인 투표로 우승자를 뽑는다.

그런데 2019년, 홍콩에서 반스 불매운동이 벌어졌다. 반스가 온라인 투표 1위를 달리던 후보작을 무단 삭제한 것이 원인이었다. 그 후보안의 주제는 다름 아닌 홍콩 시위였다. 노란 우산과 시위대가 검은 배경 위에 그려져 있었다. 반스는 "대회 의도에 따라 몇 개의 작품을 삭제했다. 우리는 모든 사람들에게 개방적인 브랜드다. 정치적 입장을 취한 적이 없다. 디자인은 존경과 관용이라는 우리 브랜드의 오랜 가치에 부합해야 한다"

고 삭제 이유를 밝혔다.

　　홍콩 시위로 많은 글로벌 브랜드들이 곤란한 상황에 처했었다. 공식적으로 친중에 섰던 브랜드들도 많았다. 그런데 유독 반스의 행보에 배신감이 드는 이유는 무엇일까? 반항아, 아웃사이더, 약자 곁에 서겠다는 약속을 대중이 기억하고 있기 때문이다.

변화를
외면할 때

사회학자 재키 후바Jackie Huba는 레이디가가의 팬덤을 연구한 후, 광팬을 만드는 네 가지 비결로 다음을 꼽았다. "신규 고객보다 기존 고객에게 집중하라, 정신적 유대를 통해 결속하라, 이슈를 만들어 결속력을 증가시켜라, 이름과 심볼로 정체성을 부여하라."

　　사실, 모든 것은 균형의 문제다. 분명 기존 고객에게 집중하는 것은 중요하다. 그러나 그것이 언제나 정답일까? 아이돌 팬덤은 팬들끼리의 친목을 경계한다. 기존 팬들끼리 친한 모습을 보이면 새로운 팬이 들어오기 어렵다는 것을 경험으로 체득

해서다. 고여 있는 것은 반드시 후퇴한다. 기존 팬을 유지하는 동시에 신규 팬을 영입하는 것, 이것은 많은 브랜드들에게 쉽지 않은 과제다.

브랜드 커뮤니티의 시조새인 할리데이비슨을 보자. 할리데이비슨은 크루저 모터사이클 시장에서 압도적인 점유율을 자랑한다. 묵직한 차체, 터프한 엔진, 고동감이라 불리는 독특한 감성은 할리데이비슨만의 상징이다.

할리데이비슨의 커뮤니티 HOG Harley Owners Group는 한때 모든 브랜드 마케팅 서적의 단골 소재였다. 많은 브랜드들이 HOG를 부러워했고 벤치마킹했다. 지금도 HOG는 단단하다. 'The Eagle Soars Alone'이라는 슬로건 아래 남다른 라이프스타일로 자신들만의 결속력을 다지고 있다.

하지만 할리데이비슨에게도 고민은 있다. 팬들의 평균 연령이 계속해서 높아지는데, 새로운 팬은 잘 유입되지 않는다. 왜일까? 할리데이비슨의 페르소나는 명확하다. 부유한 상남자, 즉 돈 있는 마초다. 그런데 밀레니엄세대와 Z세대들은 이 마초스러움을 그다지 매력적으로 보지 않는다. 지금 시대가 원하는 남성상과 한참 동떨어져 있다. 게다가 제품은 너무 비싸다. 그렇다고 가격을 낮추고 마초스러움을 버리자니 기존 커뮤니티와 충돌한다.

뒤늦게나마 할리데이비슨은 변화하기 위해 노력 중이다. 그 일환으로 2019년 첫 전기 바이크인 라이브와이어LiveWire를 출시했다. 수십 년이 걸려도 모든 제품을 전기 바이크로 바꾸겠다는 포부를 발표하기도 했다.

그러나 이미 커뮤니티의 힘이 막강해진 할리데이비슨의 입장에서는 그 균형점을 찾기가 쉽지 않아 보인다. 과거 일본 바이크 브랜드에 맞서 정체성을 변화했다가 위기에 몰렸던 경험도 할리데이비슨을 주저하게 만든다. 할리데이비슨은 과연 기존 커뮤니티를 유지하면서 새로운 팬을 유입할 수 있을 것인가?

비슷한 사례가 속옷 브랜드 빅토리아시크릿이다. 이 브랜드의 주 고객은 여성이지만, 아이러니하게도 창업자는 남성이다. 그가 창조한 세상은 남성의 관점에서 바라본 판타지 월드였다. 비인간적 몸매의 백인 여성들이 엔젤이라는 이름으로 펼치는 쇼는 브랜드의 세계관을 집약적으로 보여주었다. 이 브랜드에게 속옷으로서의 착용감은 그리 중요하지 않았다. 남성을 위한 여성 브랜드였다.

2010년대 이후 지금까지, 빅토리아시크릿의 매출은 지속적으로 감소하고 있다. 이제 여성들은 스스로를 위해 속옷을 선택한다. 빅토리아시크릿의 빈자리는 에어리Aerie나 서드러브

ThirdLove 같은 브랜드들이 채우고 있다. 포토샵 없이 자연스러운 모델의 모습을 보여주는 에어리, 모든 피부색이 아름답다는 메시지를 전하는 서드러브는 지금의 여성들이 원하는 페르소나를 명징하게 보여준다.

빅토리아시크릿 역시 변화하려 노력 중이다. "세상이 바뀌고 있을 때 우리는 피드백이 너무 느렸다. 이제 남자들이 원하는 속옷이 아닌, 여자들이 원하는 속옷에 집중하겠다"며 그들의 정체성 자체를 바꾸고 있다. 과연 빅토리아시크릿의 변화는 성공할 수 있을까?

정체성을 지키라는 요구와 변화에 민감하라는 요구는 모순처럼 보일 수 있다. 그러므로 브랜드의 시작부터 시대를 뛰어넘는 세계관을 창조하고, 유연한 태도로 디테일을 변화시켜 나가는 자세가 필요하다. 지켜야 하는 것과 변해야 하는 것이 무엇인가? 브랜드가 늘 되물어야 하는 질문이다.

브랜드 커뮤니티는

어떻게 만들어지는가?

자부심을 느낄 수 있는 가치를 제안하고,

그 가치가 나와 연결된다는 믿음을 주어야 한다.

그리고 그 가치를 지속적으로 강화해야 한다.

이것이 커뮤니티의 생성과 유지에

관한 메커니즘이다.

커뮤니티를 가질
자격

설렘과 기쁨이 있는 브랜드가 커뮤니티를 가질 수 있다.
그들만의 결이 뚜렷한 브랜드가 커뮤니티를 가질 수 있다.
개인적 삶의 변화를 이끄는 브랜드가 커뮤니티를 가질 수 있다.

인기가 있기에 팬덤이 생기는 시대를 넘어, 팬덤이 있기에 인기
가 유지되는 시대다. 아무리 인지도가 높아도 팬덤이 작으면 성
공했다고 말하기 어렵다. 이 시대 핫한 브랜드라 자부하기 위해
서는 팬덤 즉, 커뮤니티가 있어야 한다. 모든 브랜드가 나이키
처럼, 애플처럼, 룰루레몬처럼 충성심 높은 커뮤니티를 꿈꾼다.

그렇지만, 노력만 하면 모든 브랜드들이 커뮤니티를 가질

수 있는 걸까? 커뮤니티가 없는 브랜드는 노력이 부족한 걸까? 과연 커뮤니티를 가진 브랜드에는 어떤 특징이 있을까?

1. 설렘과 기대

나는 지금 마이크로소프트의 프로그램으로 글을 쓰고 있으며, 팩트 체크를 위해 네이버 창을 띄워 놓았다. 그리고 SK텔레콤이 통신망으로 나를 세상과 빈틈없이 연결해준다. 의식하지도 못한 채 마이크로소프트, 네이버, SK텔레콤이라는 파워브랜드들과 함께하고 있는 셈이다. 내 의지로 선택한 브랜드들이지만, 딱히 이들로 인해 기쁘거나 설레었던 기억은 없다.

일상 속에 완전히 녹아들어 우리 삶을 움직이는 위대한 브랜드들, 그러나 함께 있음을 의식하기 어려운 소금 같은 브랜드들이다. 이런 브랜드에는 커뮤니티가 만들어지기 힘들다. 소금은 어느 음식에나 꼭 필요한 식재료지만, 일생 몇 번 먹기 힘든 푸아그라보다도 마니아가 없다.

선택의 설렘을 주는 브랜드, 그리고 그다음을 기대하게 만드는 브랜드가 커뮤니티를 가질 수 있다.

2. 그들만의 결

여러 아이돌 그룹들이 동시에 출연하는 공개방송에 가면, 같은 팬덤들끼리 모여 있는 모습을 흔히 볼 수 있다. 굳이 슬로건을 손에 들고 있지 않아도 어느 팬덤인지 대충 짐작이 된다. 신기하게도 팬들의 분위기는 서로 닮아간다. 시간이 지날수록 그 결이 더욱 비슷해진다. 또 그런 사람들이 모여서 팬덤을 이루어야 오래갈 수 있다. 우리나라에서 혼성그룹이 성공하기 어려운 이유가 팬들의 결이 서로 다르기 때문이다.

취향이든, 스타일이든, 퍼스널리티든 뭔가 하나로 묶일 수 있는 '그들만의 결'이 있어야 한다. 그 결은 반드시 매력적이어야 한다. 그리고 자부심을 줄 수 있어야 한다.

이솝은 커뮤니티가 있는데 왜 올레이는 커뮤니티가 없는가? 올레이는 전 세계 사람들이 모두 사용하는 브랜드다. 모두를 위한 결이라는 것은, 결이 없다는 말과 같다. 왜 초바니에는 커뮤니티가 있는데 요플레에는 커뮤니티가 없는가? 초바니는 진정성이라는 결이 있지만, 요플레는 요거트 외에 아무런 결이 없기 때문이다. 진정성이라는 결로는 묶일 수 있다. 그러나 누가 요거트라는 결로 묶이고 싶겠는가?

3. 개인적 삶의 변화

'브랜드는 세상을 바꾸는 힘이 있다Brand has the Power to Change the World.' 내가 입사할 당시 우리 회사의 슬로건이었다. 브랜드가 세상을 바꾼다는 게 무슨 뜻인지 당시에는 충분히 이해하기 어려웠다. 그러나 구글, 아마존, 오픈AI 등의 브랜드들은 세상의 룰을 바꾸고 세상을 지배하고 있다. 세상이 움직이는 방식을 완전히 바꾼 브랜드들, 안타깝지만 이런 지배자 브랜드에게도 커뮤니티가 생기기는 어렵다. 오히려 우리가 연대감을 느끼는 대상은 개인적 삶의 변화를 이끈 브랜드들이다. 새로운 생활 방식이나 가치관을 소개하고 함께해주는, 친구 같은 브랜드들 말이다.

오설록은 내게 차향의 깊이를 깨닫게 해주었다. 콘텐츠 구독 서비스 롱블랙은 하루 한 번 좋은 글을 읽는 습관을 만들어주었다. 몰스킨이 있기에 일기 한 줄이라도 손으로 쓰게 되었다. 런데이 앱은 나를 뛰게 만들었다. 오늘의집은 우리 집을 꾸미는 새로운 방법을 가르쳐주었다.

삶의 변화를
이끈다는 것

어떤 자전거를 사야 되는지를 따지기 전에, 나는 어떤 것을 좋아하는 사람인가를 생각해봤습니다. 올해 처음으로 미니벨로를 알았고, 브롬톤을 배우고 있습니다. 세계 여러 나라 사람들의 브롬톤 라이프 스타일을 보고 듣습니다. BWCK(브롬톤 월드 챔피언십 코리아) 영상을 보고 아이처럼 설레었습니다. 브롬톤을 샀을 뿐인데, 난데없이 70리터 이상의 배낭과 2킬로그램 이하의 텐트를 알아봅니다. 수도권 밖으로는 움직이지 않는 제가 생소한 섬을 찾아보고 있습니다. 제가 산 것은 자전거가 아니라 새로운 라이프스타일인 것 같습니다. 이 글을 쓰고 있는데 브롬톤 잡지가 배송 왔네요. 즐거운 취미생활 하세요. 그게 최고입니다!

브롬톤 한국 커뮤니티에 올라온 글이다. 쉽게 접히고 가볍게 휴대할 수 있는 것으로 유명한 브롬톤은 미니벨로 자전거 브랜드 중 하나다. 그렇지만 브롬톤 라이더들에게는 자전거 그 이상을 상징한다. 브롬톤을 타고 국도를 달리다가 힘이 들면 그대로 접어 들고 버스를 탄다. 쭉 뻗은 길이 나오면 버스에서 내려 다시 페달을 밟는다. 이러한 브롬톤의 특징에서 나온 말이 브롬핑이다. 브롬톤과 캠핑이 더해져서 만들어진 이 말은 브롬톤이 단순한 자전거가 아니라 라이프스타일 그 자체임을 증명한다.

　　브롬톤 동호회에서는 브롬톤으로 어떤 변화가 일어났는지, 어떤 여행을 했는지, 생생한 경험들이 끊임없이 공유된다. 얼마나 튼튼하냐, 얼마나 빠르냐가 아니라 브롬톤으로 어떻게 생활이 달라졌는지를 이야기한다.

　브롬톤 라이더들은 정기적으로 모여 팬심을 돈독히 하는 행사를 진행하기도 한다. BWCK라 불리는 팬클럽 모임이다. BWCK의 메인 레이스는 경쟁 부문이지만, 해피 레이스라고 불리는 비경쟁 부문도 있고, 경쟁을 떠나 그 자체는 팬클럽 모임과 유사한 모습이다. 이 모임에서 그들은 약속된 드레스코드로 옷을 입고 자신들만의 축제를 연다. 그 드레스코드라는 것이 무척 재미있다. 상의는 넥타이에 정장 재킷을, 하의는 파자마나 핫팬츠를 입는다. 이런 차림새가 브롬톤 종족의 상징이다. 브롬톤이 원래 도시인을 위해 만들어졌음을 기억하기 위해서다. 그야말로 브롬톤이라는 브랜드만이 만들 수 있는 문화다.

　브롬톤은 무엇인가? 자전거인가? 그럴지도 모른다. 그러나 브론톰 라이더들이 열광하는 것은 브롬톤이 만들어내는 새로운 라이프스타일이다.

당신의 브랜드에 열광하는 사람들에게, 당신의 브랜드는 무엇인가?

　커뮤니티를 만드는 것은 브랜드의 규모나 영향력과는 크게 관계

없다. 선택의 설렘과 기대를 만들어내는 브랜드, 그들만의 결이 있는 브랜드, 그리고 삶의 변화를 이끌어내는 브랜드. 규모가 작든 크든, 이런 브랜드에는 브랜드가 줄 삶의 변화를 기대하고 공감하는, 결이 맞는 사람들이 모여든다.

마치며

브랜드 세계관,
변화하며 성장하라

우리는 모두
변화하며 성장한다

나는 브랜드의 탄생과 성장을 돕고 있다. 그래서 이 세상 모든
것들, 특히 생물들이 성장하는 방식에 관심이 많다.

작은 씨앗이 땅에 떨어져 나무다운 모습을 갖추기까지는

긴 기다림을 견뎌야 한다. 급하게 자라나 화려한 삶을 살아내고 금세 시들어버리는 들꽃과는 다르다. 그러나 나무는 지구상 어느 생물보다도 크게 자라고 오래도록 살아낸다. 나무의 성장은 천천히 자라도 괜찮다는 위안을 준다. "빨리 성장할수록 빨리 죽는다. 빠른 성장에 매달리는 마케팅이 기업의 지속 가능성을 저해한다." 파타고니아 설립자 이본 쉬나드Yvon Chouinard의 말이다.

포유류는 연약한 새끼로 태어나 조금씩 조금씩 자란다. 알을 깨고 나오는 조류, 아가미호흡에서 폐호흡으로 바뀌는 양서류에 비하면 드라마틱한 변화는 적다. 그래서 한 업종만 꾸준하게 파고드는 브랜드들을 보면 포유류 같다고 느낀다. 어쨌든 포유류는 생태계 상위 포식자이니 우직한 성장도 의미 있는 덕목이다.

가장 흥미로운 것은 곤충의 성장 방식이다. 미세한 알에서 애벌레로, 애벌레에서 번데기로, 번데기에서 성충으로 성장한다. 각 단계마다 다음 단계를 예측할 수 없는 극적인 변화가 동반된다. 애벌레를 보면 성충이 된 나비는 상상할 수도 없다. 어떻게 이런 변화가 가능할까? 번데기 속에서 애벌레는 자신의 모습을 모두 녹이고 액체로 변한다. 그리고 이 액체 단백질을 활용하여 날개, 다리, 몸통을 완전히 새로 만든다. 마침내 나비가 된 성충은 애벌레와는 다른 삶을 살게 된다. 먹이도, 경쟁자도, 활동 공간도 달라진다.

모든 브랜드들이 트랜스포메이션을 지향하는 지금, 곤충의 성장 방식은 브랜드들에게 큰 영감을 준다. 진정한 성장을 위해서는 과거의 나를 자양분 삼아 새로운 나로 태어나야 한다는 것.

성장의 본질은 무엇인가? 변화다. 포유류의 몸이 커지는 것, 나무가 꽃을 피우고 열매를 맺는 것, 곤충의 변태, 모두 성장을 위한 변화다. 같은 상태에 멈추어 있어서는 절대로 성장할 수 없다. 어떤 방식을 채택하건, 살아있는 모든 것은 싹을 틔우고 알에서 깨어나 성장해야 한다. 성장하지 않으면 그다음은 소멸이다. 성장은 여전히 내일을 기다릴 수 있는 이유다.

변화하며 성장하라,
프레임을 넘어서

생명이 있는 브랜드 역시 가장 큰 미션은 성장이다. 브랜드는 몸을 바꿔 성장하는 생물처럼 유연하게 변화하며 성장해야 한다. 성장해야 하는 브랜드에게 브랜드 세계관은 유전자를 품고 있는 씨앗이다. 싹을 틔우지 않는 씨앗은 썩어지듯, 고여 있는 세계관은 사라진다.

브랜드가 한계를 넘어 성장하기 위해서 가장 경계해야 할 점은 하나의 프레임에 고착되는 것이다. 지금의 세상은 해류가 흐르는 바다와 같다. 하나의 프레임에 머물겠다는 것은 급류 속에서 제자리를 지키겠다는 말처럼 무모하다. 특히 확장이 어려운 기능적 속성에 고착되는 것은 너무나 위험하다. 끊임없이 발전하는 세상, 오늘 선점한 프레임이 내일은 진부해진다.

변화하며 성장하라,
고객의 삶 속에서

프레임을 벗어나 어디로 갈 것인가? 언제나 답은 같다. 사람들의 삶 속이다. 사람들의 삶 속에서 어떤 의미로 존재할 것인가? 사람들의 삶에 어떤 변화를 일으킬 것인가? 모든 브랜드의 세계관이 묻고 되물어야 하는 질문이다.

이케아는 신제품을 기획할 때 가구에서 시작하지 않는다. 사람들이 좀 더 나은 삶을 살기 위해 집에 무엇이 필요한지를 고민한다. 스스로를 가구 브랜드가 아닌 홈퍼니싱 브랜드라 일컫는 이케아가 사람들의 삶을 연구하는 이유다. 이에 대한 결과로 라이프스타일을 분석한 리포트인 '라이프 앳 홈 리포트'를 발표하고, 지구를 위한 지속 가능 식단을 추천하는 요리책을 출간했다. 대도시 인구 밀집 문제 해결을 위해 침대, 소파, 옷장이 자동으로 움직이는 로봇 가구 로그난Rognan을 론칭하기도 했다.

"우리의 핵심 비즈니스는 사람들의 니즈와 연결되는 것이다. 사람들과 깊게 공감하지 못한다면 성공은 불가능하다." 마이크로소프트의 CEO 사티아 나델라는 모든 브랜드들에게 이렇게 충고한다. "고객과의 합의가 있어야만 이익을 올릴 수 있는 자격이 생긴다."

변화하며 성장하라,
더 큰 목적을 찾아

이미 더할 나위 없이 성공한 브랜드도 변화와 성장에서 자유롭지 못하다. 지구 최고의 브랜드인 나이키도 마찬가지다. 'Achievement'라는 세계관하에 'Just Do It'을 이야기했던 나이키, 스포츠를 매개로 한 사람 한 사람의 성취에 함께하겠다고 약속했던 나이키, 이제 그 나이키는 모두의 건강을 위해 일하는 헬스케어 브랜드로의 확장을 선언했다. 스포츠라는 아레나를 벗어나 더 큰 영역을 향한 브랜드가 된 것이다.

브랜드의 목적이 브랜드의 영역을 결정한다. 더 큰 영역에서 존재하고 싶다면 더 큰 목적을 가져야 한다. 브랜드가 성장한다는 의미는 더 큰 목적을 추구하겠다는 것과 다르지 않다. "우리는 더 위대한 것의 일부가 되어야 한다. 더 높은 목표를 달성하기 위해 노력하라. 위대한 유산을 남겨라." 나이키의 말을 기억하자.

인터브랜드의 전 CEO 찰스 트레베일Charles Trevail은 "2000년 Best Global Brands에 선정된 100개의 브랜드 중, 2020년까지 리스트에 남아 있는 브랜드는 41개에 불과하다. 사람들에게 봉사하지 못하는 브랜드, 사람들의 공감을 얻는 데 실패하는 브랜드들은 끊임없이 변화하는 세계에서 살아남지 못한다"고 말했다.

모든 시작은 사소하다. 작디작은 알, 씨앗을 보라. 그러나 시작이 위대한 이유는 본질이기 때문이다. 본질은 바꿀 수 없다.

이 책에서 '어떻게 세계관을 세울 것인가? 어떻게 브랜드를 매력적으로 만들 것인가? 브랜드 커뮤니티를 어떻게 만들고 키우고 유지할 것인가?'를 삼부작으로 만든 이유가 그것이다.

결국 브랜딩이란 나만의 관점으로 건실한 세계관을 세우고, 많은 사람들을 세계관에 동참하게 만드는 것, 그리하여 같은 목표를 향하는 단단한 브랜드 커뮤니티를 만들어 한 걸음 한 걸음 부단하게 걸어가는 것이다. 내부에서 시작해 외부로, 상상에서 시작해 행동으로, 목적에서 시작해 변화로 이어지는 여정이다.

브랜드 세계관은 브랜드의 씨앗이다. 성장하지 않는다면 씨앗이 아니다. 씨앗이 꽃을 피우고 열매를 맺듯, 알이 애벌레가 되고 번데기가 되어 마침내 나비가 되듯, 세계관 역시 적절한 시기에 꼭 필요한 변화를 겪으며 성장해야 한다. 프레임을 넘어, 고객의 삶 속에서, 더 큰 목적을 찾아서. 그것이 지속 가능한 브랜드가 되는 유일한 길이다.

브랜드는 세상을 바꾸는 힘이 있다. 세계관, 그렇다. 세계관으로서 말이다.

브랜드가 곧 세계관이다

초판 1쇄 발행 2024년 9월 4일
초판 3쇄 발행 2024년 12월 10일

지은이 민은정
펴낸이 성의현
펴낸곳 (주)미래의창

편집주간 김성옥
책임편집 최소혜
디자인 공미향

출판 신고 2019년 10월 28일 제2019-000291호
주소 서울시 마포구 잔다리로 62-1 미래의창빌딩(서교동 376-15, 5층)
전화 070-8693-1719 **팩스** 0507-0301-1585
홈페이지 www.miraebook.co.kr
ISBN 979-11-93638-42-2 (03320)

※ 책값은 뒤표지에 표기되어 있습니다.